講談社文庫

喰うか喰われるか

私の山口組体験

溝口 敦

講談社

喰うか喰われるか

私の山口組体験

まえがき

私は取材することを通して、山口組の幹部たちと接してきたが、取材する者と取材される者との間にある垣根を外そうとはしなかった。いわば水くさい関係であり、彼らと時に飲食はともにしても、ゴルフや麻雀などはやったことがない。友だちではないからだ。寸借詐欺的に彼らにカネを借りられ、そのままになったケースが二回ほどあるが、当然のことながら、私自身は彼らにカネを借りたことがない。当然、もらったこともないし、あげたこともない。

こういう関係を維持してほぼ五〇年間、山口組を取材してきた。それぞれ一度だけ私や私の息子が痛い目に遭ったことはあるが、彼らとの間の基調は押さず、押されずの関係を保ったと思う。私自身は山口組の、あるいは暴力団の専門ライターだと思ったことはないが、いつの間にか「山口組や暴力団に詳しいノンフィクションライター」といわれるようになっていた。

原稿を署名で書く者の特権は、その者の主観で書いても読者に許される点である。しかし、書く者の主観が読者に受け入れられるためには、同時に記された客観的事実で主観が支えられていなければならない。読者に納得されてこそ、その者の著作たり得るはずだ。

　私は多くの大物組長といわれる人物たちにインタビューしてきた。しかし、彼らにへつらったり、お太鼓を叩いたり、圧倒されたり、お世辞を並べたりした記憶はいっさいない。私は平常心で彼らと接し、そのとき、その場で思ったことを口にしたし、原稿にもした。本書では彼らに会ったときの実際の場面や人物像にも言及している。

　私の原稿は批判的で辛口だといわれることが多かったが、それでも私を買ってくれる読者や暴力団組員、大物ヤクザがいた。私が書いた客観的事実が「ここに書かれていることはウソやデタラメじゃないよ」と無言のうちに、読者に知らせてくれていたからだろう。

　私が年を取るのと同じように、かつて私に取材され、書かれた者たちも年を取り、あるいは物故した。ノンフィクションや報道の世界では取材源の秘匿ということがいわれている。取材し、書くことで、取材され、書かれた人たちに迷惑を掛けるわけにはいかない。だからその情報の出所を隠し、ぼやかし、曖昧にする。しかし、かつて取材された人が死ねば、取材源の秘匿はとりあえず解禁されるのではないか。その人にとって秘匿すべき姓名も立場も職責も地位も解消されたにちがいない。

ことによると死後も秘匿されるべき秘密はあるかもしれない。しかし、私は「殺菌には日の光に晒すのが一番だ」という言葉を信奉する者である。基本的には、何ごとも露わにしたほうがいい。死ねば、それまでその者を守り、隠してきた「取材源の秘匿」も解消されるべきだ。本書中には、いままで私が隠してきた情報源の開示がいくつか記されている。

目次

1968年刊行の『血と抗争』に掲載された25歳の著者
（著者提供）

第一章

『血と抗争』を出す――短命に終わった「月刊〝TOWN〟」

田岡一雄三代目山口組組長（提供：共同通信社）

大学を出たのは一九六五（昭和四〇）年である。在学中、ヤクザ映画はたいして流行っていなかった。映画年表を見ると、東映が六三〜六四年、鶴田浩二主演で『人生劇場　飛車角』と『博徒』、高倉健主演で『日本俠客伝』などをヒットさせたとあるが、私はどの作品も公開時に見ていない。ヤクザ映画ばかりか、ヤクザそのものに興味がなかった。

ヤクザ、なかでも山口組に接したのは出版社に就職してからである。六五年、東京・新橋に社屋があったアサヒ芸能出版（直後に徳間書店に改組）に入社した。他の出版社の入社試験も受けたが、全部が全部、面接段階で落ち、「アサヒ芸能」だけが拾ってくれた。編集部に配属され、正式な入社日より早く、たしか三月ごろから会社に通い始めた、と記憶している。

編集部に行くと木造の建物だった。二階の編集室は板張りの床で、徳間系列の新光印刷の社屋だったと思い込んでいたが、ことによると新社屋建設のために地上げされた元旅館を間に合わせで活用していたのかもしれない。桜田小学校に面した表通りでは自社ビルの「大徳ビル」が建設中だった。

編集部でやらされたのは校閲や整理ではなく、記者だった。入った初日に歌手の島倉千代子がこれから記者会見する、お前、行ってこいと言われ、何をしたらいいのかわからないまま、たしか赤坂あたりの現場に足を運び、メモも取らずに帰社した。

最初の半年ぐらい先輩記者の取材補助をさせられた。人に会い、いくつか必要と思われる事項の質問をし、それを談話風の言葉使いにまとめて先輩記者に提出する。先輩記者は月曜日だったか、締め切り日に一晩徹夜し、一本四ページぐらいの記事にまとめる。

私たち新米記者もこの徹夜作業につき合った。夜八時ごろ新橋駅のガード下に何店かあった牛皿屋に入って、いまでいう牛丼、牛皿を食べる。当時、駅西口にはまだ木造、長屋式の「新生マーケット」が残り、戦後のヤミ市の雰囲気を残していた。記者たちは牛皿屋を出ると、駅近くの果物屋でたいてい夏みかん一個を買って、会社に持ち帰った。原稿を書くのに飽きたときに食べる。私も真似をして夏みかんを買った。たしかに酸っぱく目が覚めるような気がした。ときには四、五人で鍋に湯を沸かし、インスタントラーメンを食べたりもした。

いま考えれば粗末な食事だったが、私にはクラブ活動で合宿しているみたいで楽しかった。仕事には何のストレスも感じなかった。私は川崎市高津区の親元から通う気楽な独身だった。会社が終わって同僚と新宿に出、御苑前や新宿二丁目、歌舞伎町などを飲み歩いて、家に帰るのが面倒になれば、会社の仮眠室に潜り込んで眠った。

はじめての山口組取材

アサヒ芸能の一年目に、一年先輩の記者、栗原裕さんと一緒に神戸に出張し、山口組の記事を手掛けたことがある。おそらくアサヒ芸能が山口組を扱う初めての記事だったのではないか。

栗原さんは同志社大の出で、空手をやり、ギターを弾いた。スペインが大好きで、書く記事は軽妙で面白かった（彼は私より後に退社、スペインに移住し、中丸明という筆名でスペイン物を書くライターになった。二〇〇八年没）。

神戸での取材は兵庫県警本部に行き、山口組の概要を教えてもらい、最寄り署を取材、神戸新聞と兵庫新聞の記者の話を聞くといった具合で、かなりおざなりのものだった。山口組の組員や関係者には話を聞けなかったと思う。ちょうど三代目山口組組長・田岡一雄が心臓病で倒れ、尼崎の関西労災病院に入院したころの話である。

この取材が山口組関連の初仕事で、組関係との初接触のはずだが、いい加減な気持ちだったせいで、何の感慨もなかった。それより神戸で栗原さんに誘われ、女を買ったことのほうが記憶にある。終わって店の外に出てから、栗原さんは道ばたで立ち小便をした。そのとき彼はペニスの先の包皮を摘まみ、「こうして小便をためてから出すと、性病にかからない」と、曖昧、不確かな情報を教えてくれた。

入社二年目に会社は新しく月刊誌「ＴＯＷＮ」を出すことになった。編集長に起用されたのはそれまで「アサヒ芸能」で副編集長をやっていた佐藤正晃さん（彼は「さとうせいこう」が通称だったため、以下呼び捨てにする）だった。佐藤は「吉行淳之介対談」（構成は長部日出雄）、「新日本夜の五十三次」（野坂昭如、石堂淑朗、斎藤龍鳳、種村季弘などが執筆）、あるいは寺山修司、田中小実昌、殿山泰司などの連載コラムを手掛け、ヒットを連発していた。

彼はもともと「キネマ旬報」の出身で、編集者時代に「新日本文学」系の作家を担当し、人脈を築いたという（木本至『雑誌で読む戦後史』新潮選書）。

私は下っ端社員だったから何も知らなかったが、おそらく当時、徳間書店などを率いる社長・徳間康快《やすよし》は佐藤正晃の仕事振りに幻惑され、佐藤に新雑誌の創刊を委ねたのだろう。徳間はB級雑誌の「アサヒ芸能」の出版だけでは我慢できず、何とかA級に手が届くような月刊誌がほしかったにちがいない。当時、月一回、アサヒ芸能の編集室で三〇〜四〇分程度、徳間が独りでとうとうとしゃべる社員会があったが、そこでもそのようなことを話していた。

私はそれまで佐藤とろくに口をきいたこともなかったが、一九六六年の夏、アサヒ芸能から「TOWN」の創刊準備室に異動させられた。自分で言うのも憚《はばか》られるが、私は週刊誌記事を書ける若手として、編集部内でそれなりに評価されていたと思う。

佐藤の副官役の副編集長は栗山一夫さんだった。『徳間書店の30年』を見ると、彼は私の前年、六四年に入社したとあるが、もっと年寄り臭く見えた。椎間板ヘルニアで背骨を曲げて歩くせいだったろう。彼がどのような経歴の人か、私は知らない。

同期入社で同じように異動になったのは岸優（二〇一八年没）君だった。彼は京大の美学の卒業で、私より一つ年上だった。整理班的な仕事を担当し、私はすぐ彼と仲よしになった。会社は私たち新入社員を夕方、神田三崎町にある日本エディタースクールに通わせ、初歩的な校正などを仕込もうとした。その行き帰り、彼と飯を食ったり、酒を飲んだりした。

創刊準備の期間はほぼ半年だった。その間、準備室の人間はチンタラ準備とも仕事ともつかないことをしていた。佐藤編集長は海外の雑誌視察とかでそうとう長期間、米、英、仏などを回っていた。

帰国した佐藤はエンツェンスベルガー『政治と犯罪』(野村修訳、晶文社)をいたく気に入り、会社の経費で買ったのだろう、「TOWN」の編集部員全員に配って「読め」と命じた。素直に私も読み、訳者の翻訳調の訳文にしびれた。とりわけ中の一本「シカゴ・バラード」に感心した。アル・カポネを扱った章である。つくづく格好がいい文章だと感心した。

六七年一月に創刊第一号を出す計画だった。私には第二号の企画が割り当てられた。「新日本文学」編集部にいた作家の卵、玉井五一さんを書き手に立て、編集者として私が玉井さんのそばについて取材や執筆でお世話をする。玉井さんは先輩風を吹かさず、気のいい人だった(後に創樹社を設立、編集長、二〇一五年没)。佐藤が玉井さんに山口組について書いてくれるよう頼み、玉井さんが引き受けたのだろう。

「日本一山口組の政治と犯罪」

山口組では六六年、最高幹部の岡精義が逮捕され、山口組から脱退した。三代目組長の田岡一雄は前記したように前年、心臓病のため入院していた。兵庫県警は六月に「広域暴力団山口組幹部による企業暴力事件捜査本部」を開設した。

それまで山口組の名は関東圏ではあまり知られていなかったように思う。「TOWN」の取材時期は兵庫県警による「山口組壊滅作戦」の初っぱなに当たり、「TOWN」にとっては絶好のタイミングだった。

玉井さんを案内するかたちで私たちは六六年の秋、神戸に出張した。三宮駅近くの小さなホテルを拠点に、まず兵庫県警に日参した。兵庫県警は東京の雑誌メディアが腰を据えて取材し、県警の活躍ぶりを紹介してくれると思ったのか、非常に協力的で、こちらが必要と思われる調査資料を惜しげもなく提供してくれた。そのなかには組幹部情報も含まれていた。個人情報の扱いが問題になるいまの時代には考えられない資料提供だった。県警から大量に渡される資料をコピー、整理するため、編集部に連絡を入れ、一年後輩の編集者、重永隆恭君やアルバイトの井手東さんを手伝いで神戸に出してもらうほどだった。

山口組は神戸港の船内荷役を仕切り、兵庫県警もその解明に必死だったので、とくに港湾労組の幹部や港湾労働者、研究者のほか、新聞記者、警察官、事業家、山口組関係者、他の暴力団の組長夫人、著述家などに二週間ぐらいかけて会い、あらあら話を聞いて東京に帰った。

TOWN編集部は新設の大徳ビルに入っていたが、大徳ビルの裏側、野原のようなところに古びた木賃アパートを借りていた。執筆室と称していたが、そこに玉井さんに入ってもらい、私も泊まり込みで玉井さんの手足になって手伝いをした。玉井さんはきちんと〆切りを守って原稿を書いてくれたが、編集長の佐藤正晃は原稿が気に入らず、少し考えてから「お前が書け」と私に命じた。

玉井さんの原稿に目を通すと、エッセイ風で、せっかく取材調査したデータがほとんど使われていなかった。エッセイ風のレポートでもいいのだろうが、ぎりぎりした情報を扱うにはふさわしくない。何しろ文中には玉井さん本人や私まで登場し、ぐだぐだ取材にもかかわらず、なかなかよく仕事しているとか、自己評価している。佐藤はおそらく「うじゃじゃけた原稿だ、使えない」と判断したのだろう。

月刊TOWNの柱の一本は「ドキュメント路線」で、一挙四〇〇字詰め原稿用紙八〇枚掲載が基本だった。従来の雑誌ジャーナリズムではあり得ないような長編である。佐藤は紀尾井町の文藝春秋本社ビルの斜め前、都市センターホテルに部屋を取ってくれ、「八日間で書け」と私に指示した。もちろんホテルに缶詰めになるなど、はじめての経験である。そのぶんおカネも掛かる、これはムダにできない、と私は緊張した。缶詰めに入る前、どういう切り口で書くか、あれこれ考えた。

六六年に入社した重永隆恭君もＴＯＷＮの配属だった。彼も岸君と同じく京大の卒業で、独特の感性とユーモア感覚を持つ男だった。重永君は「まず冒頭、神戸港を舐めるように俯瞰していく。しつこいなと思われるぐらい。で、バッといきなり現在の現場に切り替える。格好いいじゃないですか」など、映画でも撮るみたいに無責任なお勧めを披露してくれた。

私はエンツェンスベルガー『政治と犯罪』のように、ちょっと理屈張った翻訳調の文章で通そうと思った。文体を決めれば、そこから視点も決まっていく。集めてきたデータも自ずからしかるべき場所に納まるだろう。

ホテルでは一日一〇枚のペースで八日間、みっちり仕事をした。当時、私はいまの女房と結婚を約束していた。彼女は市ケ谷の生保会社に勤めていて、執筆期間中、一日だけ退社後、ホテルに遊びに来た。フロントは意地が悪く、そこはシングルの部屋だから二人は泊まれない、後から部屋に行った女性は出してくれ、と電話してきた。いまだったら逆ネジを食わせるか、無視するかだが、そのころは世間知らずだった。仕方なく彼女と一緒にホテルを出て、新宿のラブホテルに行った。

原稿を佐藤に差し出すと、彼はざーっと目を通した後、「いいよ」と言ってくれた。記事はTOWNの二月号（新春特大号）に掲載された。いま、あらためて二月号の目次を見ると、

〈〈TOWNノン・フィクション〉これがドキュメンタリーだ！ 堂々31頁！ 日本一山口組の政治と犯罪／本誌特別取材部〉と謳っている。

記事の文末には、本誌特別取材部＝玉井五一、島田敬三（溝口敦の本名）、重永隆恭、井手東と記されている。

私は書き改めの際、玉井さんの元原稿はまるきり引用しなかった。「編集長の命令で書き改めなくてはならなくなった」とも玉井さんに伝えなかった。悪いなと思いながらも、事実を伝える勇気が出なかったからだ。しかし、こうして四名連記の冒頭に玉井さんの名前が出ているなら、玉井さんも勘弁してくれるだろうと、虫のいいことを考えた。

二、三年後、何かの催しでばったり玉井さんと会ったことがある。彼は私に怒り出さず、TOWNのあの記事は「よかったんじゃない？」と言ってくれた。ホッとした。

記事はおおむね評判がよかった。編集部に出入りしていたカメラマンの幡谷紀夫さ

ん（寺山修司『望郷─幡谷紀夫写真集』など）は「アクチュアリティーがある」と言ってくれた。

最初にして最後の本

しかし、ＴＯＷＮは短命すぎた。編集長の佐藤正晃が社長の徳間康快と喧嘩し、ＴＯＷＮを二号で放り出し、会社を去ることになったからだ。佐藤から編集部員に対し、何か釈明やお詫びがあったかもしれないが、私は知らない。ことによると私が取材か何かで外に出ていたとき、それなりの説明があったのかもしれない。だから、なぜ二人が喧嘩になったのか、佐藤が簡単に二号でなぜＴＯＷＮを放り出したのか、私には謎である。前出の木本『雑誌で読む戦後史』には、こう記されている。

〈『ＴＯＷＮ』創刊号は20万部刷った。コストから逆算して会社は部数を決めたが、私は5万程度が適正部数と思った」と佐藤は言う。苦戦の上に「政治的な問題」が発生した。上村一夫が無署名で描いた5頁の漫画「カワイコ小百合ちゃんの

堕落」が佐藤首相を馬鹿にしたと、銀行筋から社長に強い圧力がかかった。「抗議」して佐藤は2号で退社してしまった。〉

はたしてこの説が正しいのかどうか。少なくとも当時、編集部でこうした話は聞いた覚えがない。私は、たんにカネが掛かりすぎるわりにこの雑誌は売れなかった、だから佐藤と徳間が喧嘩別れになったと理解して、済ましていた。なにしろカネが掛かる企画が目白押しだった。

創刊号では俳優の殿山泰司をアメリカに派遣し、「プレイボーイ」編集長兼社長のヒュー・ヘフナーにインタビューさせたり、野坂昭如「とむらい師たち」二三〇枚書き下ろしを一挙に掲載したり、寺山修司に人生相談を担当させたりしていた。二号でも殿山にヘンリー・ミラーにインタビューさせ、カメラマン岡村昭彦をハワイに派遣するなど、豪華にして尖っている雑誌だった。

TOWNの二番目の柱が「ヴィジュアリズム」、三番目の柱が「インターナショナリズム」で、全ページ写植。当時売れっ子の大塚清六がレイアウトしていた。

佐藤が自分に同調して退社するよう編集部員を口説いたとは当時も聞かなかった。ただ編集部から岸優、重永隆恭、今井浩士君が退社し、私にもしきりに「辞めましょうよ」と誘いがかかった。私は次の年、結婚するつもりだったから、生活できる収入を確保しなければならない。そのため「俺は結婚を控えている、辞められない」と抵抗した。彼らのほか、編集部に集まっていたフリーのデザイナーやカメラマン、編集者などはあらかたちりぢりになった。

TOWNはその後、栃窪宏男さんが編集長になって誌面を刷新、再起を期したが、実質は二号で終わった。栃窪さんによる三〜七号はぶざまな改変で、とうていTOWNとはいえない。七号で廃刊になったのは当然だったろう。

私は三号目以降もTOWNに在籍したが、いわば食いつなぎだった。その後、週刊アサヒ芸能に舞い戻り、また半年ほど記者をやったが、冬のボーナスをもらった後、六八年一月に徳間書店を辞めた。週刊誌、月刊誌合わせて二年一〇ヵ月の記者生活だった。

当面、再就職はせず、TOWN二号での「日本一山口組の政治と犯罪」をもとに、単行本を書こうと思った。TOWN編集部にいた岸優君はその後「三一書房」の編集部に移っていた。彼に本を書きたいと話すと、「三一で出すよ」と言ってくれた。

私は新しいツテを頼り、一人でまた神戸に出かけた。このときは市中心部に建設会社を営む中年の社長が助けてくれた。彼は山口組の有力直系組長とも親しく、兵庫県警にもムリが利く人だった。他に神戸芸能社の役員などにも取材でき、兵庫県警による『広域暴力団山口組壊滅史』なども入手した。

書きはじめるに当たって思ったのは、一冊でも本が書ければ、人生の儲け物だということだった。私は物神崇拝といっていいほど本好きだったから、一生に一度でも自分の名で本が書けるなら本望だった。書く以上は、自分が納得できる仕上がりであること。間違ってもおべんちゃらやお愛想は言わないし、腰が引けたことは書かない。自分が本当と思えることだけを歯に衣着せず書く。書いた後のことをあれこれ心配しない。気持ちとしては最初にして最後の本だった。イタチの最後っ屁の覚悟で、位負けせず、テーマと四つに組む。

文体で真似したのは、前記のようにエンツェンスベルガー『政治と犯罪』というより、正確にはその訳者、野村修の文体だった。恰好よく尖っていて、論理的に、を目標とした。

川崎市高津区の親の家に籠もって、毎日原稿を書いた。外出は友だちとの飲み会、仕事の打ち合わせ、月に一回の失業保険の支給日、婚約者とのデートなどに限った。

ペンネームの「溝口敦」は野末陳平「姓名判断」を見て、字画がよく、占い面でもよい名を選んで自分で決めた。高津区の最寄り駅には「溝の口」という駅がある。そこから姓は頂いた。

息を殺して身を隠す

六八年五月にようやく脱稿した。『血と抗争』を書き上げたときは嬉しく、レコードをかけてひとりで踊り出したことを覚えている。

同書の「あとがき」にはこう記した。冒頭の部分である。

〈山口組が歴史に組みこまれるためにはまだ私たちに近すぎるが、この本の叙述は山口組が現在に影響を与えないとのかりの立場からなされた。ドキュメントが批評となるためには、多くの方面への顧慮はかえってマイナスになると思えたからである。が、著者の意図は山口組への指弾にはない。ただ物語や映画の世界、あるいは新聞世論とは別の観点からヤクザ・暴力団をとらえられたらと思った。彼らは単に私たちと生活感情を同じくする隣人だけでもないし、また最も憎むべき悪党でもないはずである〉

含意するところは「おべんちゃらは言わないけど、あまり私のことは悪く思わないでね」ということである。彼らはまだ歴史ではないけれど、歴史に組みこまれる過程にあるのだから、行動は慎重にしてねとの願いである。またヤクザ・暴力団を見る私の視点はここに記した通りであり、その後の山口組関係の著作でもこの視点は維持できたのではないかと思う。

同年八月に三一書房から本になった。本の裏表紙に元TOWN編集長・佐藤正晃が次のような言葉を寄せてくれた。

〈色あくまで黒くにきび面、身体強健にしてなお品あり。このたび、この若年の友のねばり腰の結実が初めて世に問われる。かつてTOWNという至極短命の雑誌があったが、溝口敦はそこに芽生えた企画を遂にここに物し、私はほとんど無為である。これも戦さのならいであろう。いんちきノンフィクション派はいわずもがな、東映ヤクザ映画を礼讃して見せる流行のインテリ左翼、テレビ刑事に何かを仮託したつもりの似非《えせ》ドキュメンタリストどもまでをも、この書が顔色なからしめんことを祈る。確かに、彼が突撃する他なかったのだ。　さとう・せいこう〉

佐藤は彼流の語り口で精一杯、私の本を持ち上げてくれたのだ。私はもちろん、岸、重永、今井君なども含め、徳間書店を辞めた者たちには、最初から佐藤に殉ずる気持ちはなかったと思う。佐藤にはセンスの閃きがあっただろうが、痛癪持ちで、人徳はあまりなかった。編集長としての政治力もほとんどなかったと思う。岸君たちが辞めたのは佐藤の放り出しでTOWNが終わったから、かといってアサヒ芸能には戻りたくない、といった気持ちだったろう。当時はまだ、勤め先などどこにでもあるわい、会社なんか辞めてやる、と鷹揚にかまえる者が多かった。

岸君は三一書房の社屋近く、水道橋のレストランで『血と抗争』の出版記念会をやってくれた。松田政男（映画評論家）、詩人の清水哲男、幡谷紀夫、鈴木慎二（石井慎二、後に「別冊宝島」編集長、洋泉社社長、二〇一〇年没）、井家上《いけがみ》隆幸（三一書房編集者、書評家、二〇一八年没）、「週刊現代」の夭逝した編集者・村松卓などが出席し、司会は佐藤正晃が引き受けてくれた。

本が出た直後の「平凡パンチ」（六八年八月二六日号）が「殺されるかも知れない男」として、見開き二頁で私の本を扱ってくれた。私は同誌のインタビューには答えたらしく、胸から上の写真が載り、コメントらしきものも掲載されている。

〈著者は溝口敦氏、二十六歳。職業は「かつてはルポ・ライターでしたが、いまは無職です」と本人はいう。残念ながら、それ以上の紹介はできない。この著書の出版を知ったヤクザの残党が、いつ仕返しにやってくるかわからないからだ。彼はいま、東京・世田谷区のアパートの一室で沈黙を守り、あまり多くを語ろうとはしない。

「ボクは、特別の理由があってヤクザを取り上げたわけではない。しいて理由をあげれば出版の印税がほしかったからです」〉

出版当時から私は正直におカネが目的だと答えている。ヤクザ、とりわけ山口組から身を隠そうとしていたことはその通りで、記事の書き手は私の安全をおもんぱかってか「世田谷区のアパート」などと故意に間違った情報を書いてくれている。川崎市高津区と世田谷区は多摩川を挟んで隣り合ってはいるが、私は世田谷区に部屋を借りたことはない。

本を書きあげた後、たしかに私は目立たないよう努めていた。山口組やその組員がどう出て来るか、まるで予想がつかなかったからだ。そのため雑誌に署名記事も書かなかったし（注文もなかったが）、テレビにも出なかった。一度、関西のテレビ局から三一書房を通じて、出演してくれるよう依頼があったが、私は目立つこと、まして関西で目立つことを嫌い、出演を断った。たしかに本は書いたが、その後は息を殺していた。

だが、『血と抗争』は売れた。当時、三一書房がどのくらい刷ったのか、私の手元には資料がないが、本の定価は三五〇円だった。三一はカネがなかったのだろうが、毎月、月給みたいにしてきまって月額一〇万円を振り込んできた。そのころ一〇万円あれば、贅沢はできないまでも、若い夫婦二人が生活することはできた。

そのころ私は親の住む敷地の角を借り、台所と二間だけの小さな家を建てた。その年一〇月には市ケ谷の私学会館で結婚式も挙げられた。これらの費用は三一に事情を話し、今回だけは印税をまとめて払ってくれるよう交渉した結果で、元をただせば印税のおかげだった。その後も印税の分割払いは四〜五年ぐらい続いたから、印税総額はおそらく七〇〇万〜八〇〇万円ぐらいになったと思う。ついでに『血と抗争』の現状を言えば、部数は少なく、版元を講談社に変えてはいるが、いまなおささやかに版を重ねている。ベストセラーではなくても、きわめて長命のロングセラーになったことはたしかである。

全共闘学生が読みふけった

『血と抗争』を出した時点で収支計算するなら、山口組というテーマは十分私を養ってくれた。換言するなら、私はなんら山口組から反撃を受けることなく、山口組を食い物にできた。もちろん本には、とりわけノンフィクションには、売り買いする商品である以外に、文化性という属性がある。たとえば書かれたことで顕彰された名誉、逆に毀損してしまった人の尊厳、読者に真実を知らせたという貢献、読者に虚偽を広めたという社会悪など、物理的な力ではなくても「ペンの暴力」という一面があることは否定できない。

私が山口組を「喰った」ということは、こういうことすべてを捨象して、たんに商業的な営為についての収支計算である。それが私にプラスになった。山口組のある有力直系組長が「売春婦とブタを飼育」と私に書かれて、「頭に来ている」という情報が私には届いていたが、かといって私が山口組側に反撃されることはなかった。

だれが私の本を買ってくれたのか。主にその当時の若年層だったと見られる。出版後二年ほど後の記事だが、朝日新聞一九七〇年一〇月二一日付が社会面のコラム「全共闘の秋」でこう報じている。

〈新宿の映画館で。ヤクザ映画の休憩時間に、暴力団山口組を描いた「血と抗争」を読みふける元全共闘の学生。「オレたちは負けた。暴力団の山口組にもかなわなかった。ザンキ、ザンキ」。オキテと団結の戦いが受けてか「血と抗争」は全共闘学生の間でベストセラーである〉

『血と抗争』を書き上げた後、私は講談社の週刊現代で編集者をしていた村松卓君に頼み、週刊現代のデーターマン（フリーの特派記者のこと）を半年ほど続けた。村松君は学生時代、私と同じサークル「早稲田大学新聞会」で二年ほど後輩だった男である。当時、週刊現代では川鍋孝文さんがデスクをしていたように記憶している（川鍋さんは後に週刊現代の編集長、七五年「日刊ゲンダイ」を創刊し、二〇〇七年まで日刊現代社長、その後会長をつとめて二〇一五年没）。

週刊現代の別の班には小山昌生さんがいた。小山さんは川鍋さんと同じ高校でサッカーをしていたとかで、いわば彼と同窓生だったのだろう。私はこの小山さんに目を掛けられ、マーシャル・マクルーハンの紹介記事で、本来筆力のあるベテラン記者が担当するアンカー（記事のまとめ役）をやらされたことがある。

同じころ、「週刊文春」のデスクだった堤　堯《つつみぎょう》さんから「うちに来て記者をやらないか」とも誘われた。おそらく堤さんは三一書房の井家上隆幸さんと飲み友だちだったから、井家上さんから私のことを聞いて誘ったのだろう。私は自分で本を書く、記者などやっている時間はないと考え、彼の誘いを断った。事実、週刊現代のデータマンはいわば次のテーマを決めるまでの場つなぎにすぎなかった。

六九年はじめから歴史小説『反乱者の魂　小説・大塩平八郎』にかかった。これはたまたま読んだマルグリット・ユルスナール『ハドリアヌス帝の回想』（多田智満子訳、白水社）を読んで痺れ、こういう抑制された静謐《せいひつ》さの凄みといった文章を日本の人物伝に移植できないかと考えた。

素材とする人物はだれがいいのか。江戸時代の歴史を一渡り眺めて見当をつけたのだが、反乱を起こし、最後は捕吏に囲まれて自ら焼死する大塩平八郎はどうか。それで大塩の人物伝や、彼が残した論述や業績などに当たったのだが、彼が信奉した陽明学の益体《やくたい》もない理屈などにウンザリして、これはダメだとなかば投げ出したくなった。大塩の人間性も好きになれなかった。

しかし、私が書くのは小説である。ウソは許されると気を取り直して続けたが、それでもしばしば投げ出したくなった。家の近くにアパートを借り、そこを仕事場にしたが、行き詰まって地元の中高時代からの友だちを呼び集め、雀卓を囲み、酒を飲んだ。妻はまだ勤めを続けていたから、友だちは私を「カミさんのヒモ」とクサした。

七〇年五月、新しい事実を書き足して、三一書房から『新版 血と抗争』を出版した。三一としては、それまでの売上げをなんとかその後も続ける工夫だったはずだ。

そして同じころ『反乱者の魂』をようやく脱稿し、八月、やはり三一書房から出した。出来上がりはほとんど対話部分のない小説になった。編集は岸君の世話になった。

この本はハードカバーで定価は六八〇円だった。サボりサボりの仕事だったが、ともかく通算、執筆に一年四ヵ月ほどかけた。そのくせ手にした印税は総額四〇万円ほどだった。前の『血と抗争』で、本を書けば売れると思っていたから、これはショックだった。

ただ作家の中田耕治さんが「君の『反乱者』を直木賞に推薦しといたからね」といってくれた。岸君がそのころ編集者として中田さんとつき合い、彼のハードボイルド・シリーズ全六巻を出すなどしていたから、私も岸君にくっつき、中田さんの周りでウロウロしていた。私は中田さんに言われ、『マリリン・モンロー：ドキュメント』（三一書房、七四年）中で、アメリカの雑誌記事を一本、辞書を引き引き苦労して翻訳したことがある。

第二章 山一抗争——プロのライターへの船出

山口組からの脱退を表明した後の一和会幹部。
机に腕をのせ、右手を見るのが佐々木道雄（提供：共同通信社）

創価学会『池田大作　権力者の構造』

私にとって書きやすいのは小説よりノンフィクションだとわかって、次に取り組んだのが創価学会だった。たまたま七〇年、創価学会＝公明党による出版妨害事件が火を噴き、「赤旗」などに目を通していると、批判記事がボンボン出て来た。私は社会悪の元凶は池田大作会長にありそうだなとおおよそ見当をつけた。

「聖教新聞」を五一（昭和二六）年の創刊からずーっと時系列で見ていけば何かわかってくるのではないかと思い、国会図書館で閲覧しようとしたが、とりわけ創刊から数年間の古い号はまるで備えていないとわかった。

なぜ不備なのか。私は創価学会の政策的意図とさえ感じた。ふと宗教評論家で、「新宗教新聞」の清水雅人さんを思い出した。彼は新日本宗教団体連合会が定期刊行している「新宗教新聞」の編集長でもあった。彼に聞くと、聖教新聞は創刊号以来保存している、貸し出すことはできないが、渋谷区代々木五丁目の編集部に来てくれれば、いつでも閲覧して構わないし、コピーにも便宜をはかると言ってくれた。

私は毎日のように山手通りに面する新宗連に通った。聖教新聞を丹念に読み込むなかで、案の定、池田大作会長の権力基盤がどうやって築かれたか、分明に辿ることができた。公刊の資料を読み込むだけで、それまで告発者の誰もが伝えていなかった反池田の幹部、石田次男や竜年光《りゅうとしみつ》などの名が浮き上がったのだ。

こうして七二年三月、『池田大作　権力者の構造』をやはり岸君の編集で三一書房から出版した。当初、単行本の予定だったが、岸君が「最近、三一新書にヒット作がない。テコ入れの意味で新書で出したい」と言うので了解したが、失敗だったかもしれない。なかなか増刷がかからなかったのだ。

ちょっと話は脇道に逸れるが、八〇年、創価学会では元顧問弁護士の山崎正友、元教学部長の原島嵩《はらしまたかし》が池田支配に叛旗《はんき》を翻し、創価学会を出て、公然と学会批判に踏み切った。

このとき山崎正友に会うと、彼はこう言った。

「あんたの『池田大作　権力者の構造』は七八年ごろ増刷がかかっただろう。あれは日蓮正宗の（学会）批判派の坊さん方と勉強会をした際、教材に使おうってわけで、私が掛け合って三一書房に増刷させたんだ」

『池田大作　権力者の構造』はいまでは創価学会批判の古典とされているが、売れ行きはパッとしなかった。山崎正友の言葉通り、たしかに当時の本の奥付を見ると「一九七八年一〇月三一日二刷発行」と記されている。が、その二刷がどの程度刷ったものかわからない。せいぜい一〇〇〇部、二〇〇〇部程度だったにちがいない。

最初の『血と抗争』がロングセラーで依然振込が途切れ途切れにあったとはいえ、やはりこのころには生活が詰まってきた。妻が妊娠し、子どもが生まれそうだった。それで週刊現代の小山昌生さんに電話を掛け、「どこかにアルバイト先がないものか」と聞いてみた。小山さんは「大手広告会社H社のPR計画部に今井道彦さんという北海道新聞から来た人がいる。この人を訪ねたらどうか。バイトなんかゴロゴロあるはずだ。私から今井さんに電話を掛けておくから」と言ってくれた。

H社の本社は当時、神田錦町にあった。今井さんを訪ねると、一緒に田代裕さんという部長も出てきた。

田代さんは言った。「バイトはないな。社員ならあるけど。社員のなかに特別契約社員というのもある。アルバイトみたいなものだ」

「じゃ、その特別契約社員でお願いします」

「月にいくらぐらいほしいの？」

「二〇万円ぐらいは」

「特別契約社員で月に二〇万円払った例はないはずだ。それなら正社員になれば。勤めているうちに給料も上がって、すぐ二〇万円ぐらいにはなるよ」

途中入社だから、試験はせず、身元調べがある程度だという。私は腰掛けのつもりだったから、ちょっと悪いなと思いながらも、「じゃ、正社員でお願いします」と言って帰宅した。配属される先はPR計画部の中のIS（情報サービス）らしい。

情報を扱うことならノンフィクション系の書き手はまあ得意だろう。仕事を不安がる理由はない。結果的に「TOWN」の仲間に引きずられ、不承不承徳間書店を辞めていたから、もう少しサラリーマン生活を続けてもいいなと思っていた。自分ではサラリーマンに向いているところもあるのではと内心考えていた（だが、実際にはなかった）。また企業、とりわけ大企業がどういうところなのか、興味もあった。

入社に当たって身元調べがあったようだ。が、調査員が怠け者ですれていたのか、近所で聞き回ることをせず、いきなり親の家を訪ねたらしい。居合わせた母が応対し、「そうですよ。近所に聞いても同じですものね。なんでも聞いてください。私が話します」と調査員にいいことずくめの話を吹き込んだと聞いた。

こうして私は特別に志望することもなくH社に入社した。ところで入社から三年後、母親が膵臓がんで死んだ。葬式になり、私は上司に休むと電話した。上司は休む理由を尋ね、私は母の死を伝えたくなかったのだが、葬式について言わされた。会社から人を出すと言われ、なんとか辞退したが、職場の仲間が何人か来るという。私は弱ったなと思った。

葬式には日本共産党地区委員会から花輪が贈られていた。わずかな数の花輪は家の前の道路に並べられた。私の母は中年以降に共産党員になったようだが、彼女は目立ちたがり屋の面白がり屋だった。死後、バーンと共産党の花輪を出せば、近所のみんなが驚くだろうと考えたらしい。そのため生前から地区の幹部に「死んだときには名入りの花輪を出してほしい」と頼み、遺産分けのようにして寄付し、花輪代も別に出していた。

共産党は党員が死んだからといって花輪など出さない。せいぜい機関紙「赤旗」に小さく党員の死亡記事を載せる程度だが、母の場合は遺言みたいなものだから、地区委員会としても出さざるを得ない。しかし会社の人間が葬式に来れば当然、花輪を目にする事になる。

職場からは私の「遠慮したい」という辞退を押し切って、五、六人が来てくれた。式後、出社して社の先輩たちと飲むことになった。そのとき葬式の花輪が話題になり、上司から「天網恢々疎にして洩らす」だなと笑われた。「だけど、よかったよ。人事部から人が来なくて」と。一件はこの一回だけ話題になった。その後はだれも話題にも問題にもしなかった。私としてはありがたいことだった。

H社はいっときの腰掛けのつもりだったが、次第に居心地のよさを感じ、七年三ヵ月間、在籍した。その間、高校時代の友人が新宿で会社を開いたのを幸い、夜だけその会社の部屋を借りた。何か執筆活動に使うつもりだったが、結局、執筆はしなかった。会社に出ただけで一仕事した気分になり、勤務後、書く気持ちなどとうてい起きなかった。

H社の仕事には一時期面白さも感じていた。ちょうど狼が集団で狩りをするように協同ゲームの面白さというのはたしかにあった。しかし広告代理店の仕事はクライアントに頭が上がらない。PRの場合はメディアに対しても頭が上がらない。企業と消費者運動の間をウロウロするのは、体のいい廊下トンビかスパイである。仕事に誇りなど感じられなかった。

当時、私は会社の同僚と恋愛した。彼女は私を妻から離れさせたがり、私も彼女に同調して一時期、妻に仕事を覚えてもらって、自活の道を準備させようとしたこともあった。しかし、よく考えてみると、妻と恋人と、どちらが人として信用できるかといえば、妻のほうだった。妻は同じ高校の三年後輩で、二人とも社会人になってから知り合ったのだが、定型ともいえる恋愛の期間を経て結婚している。子どもも二人いる。別れ難かった。

会社の同僚は煮え切らない私に愛想を尽かしたのだろう、別れを言い出した。私は「わかった。別れた男がいつまでも会社にいれば、目障りだろうから、会社を辞める」と言った。と、彼女は「じゃ、会社に残される私はどうなるの」と泣いた。彼女の泣きに誘われ、私も涙を流した。別れるときもお互い好きではあったのだろう。いま考えれば、私は彼女より書くことを選んだのだと思う。

妻に会社を辞めると言うと、「会社に勤めていると、あんたは人間が悪くなるばかりだ。辞めなさい」と言った。私のオフィスラブは妻にバレ、一時期、妻は怒って実家に帰り、私は火宅の人になっていた。いままたフリーランスになるわけだが、彼女と結婚したとき、私は定職も勤め先ももっていなかった。妻は、安定は絶対無理の私のそれからの稼ぎに、不安がるようなところはまるでなかった。

入社したとき、お世話になった田代裕さんは当時、室長だかになっていたと思う。私は彼の机のそばに寄り、「じつは会社を辞めたいのですが」と申し出た。てっきり引き留められるものと思っていたが、田代さんは「それはいいことだ。辞めるなら三〇代のうちだよ。君は書かなければ」と言ってくれた。

八〇年六月にH社を辞めた。三八歳になるちょっと前だった。

便利屋の賃稼ぎにはならない

私は二度目のフリーランス・ライターになった。二人の子どもは妻に任せっぱなしだったが、それでも子どもに給食費を持たせられないような父親にはなりたくなかった。どれだけ生活費を稼がねばならないか計算して、お先真っ暗になった。もし原稿書きで稼げなければ、肉体労働でもなんでもする、家族に経済的な迷惑はかけないと腹を決めた。

ただし、きっちりフリーランスになった以上、署名原稿しか書かない。来た注文は断らないが、無署名原稿は書かないと方針を決めた。便利屋の賃稼ぎにはならない、と。そしてそれまでのようには文章に凝らないと決めた。私の頭に浮かんだまま、わかりやすく平明な文章で書く。凝った文章を書いてもわかってくれる人は少なく、かつ難しい字や表現を使っていると、かえって読者を遠ざけてしまうと気づいたからだ。

十分な仕事量はなかろうと危ぶんでいたが、会社を辞めた八〇年は創価学会問題に火がついた年だった。すなわち前に触れた通り、創価学会顧問弁護士だった山崎正友と教学部長だった原島嵩が創価学会を出て公然と池田大作に叛旗を翻した。週刊誌や月刊誌は毎号のように創価学会問題を扱い、私には前記の通り『池田大作　権力者の構造』という著作があったから、それが実績になって、簡単に書き手の一人になった。フリーになっても仕事探しや営業回りには無縁で済んだ。

八一年六月には『池田大作　権力者の構造』を増補して『堕ちた庶民の神　池田大作ドキュメント』を三一書房から出した。従来通り三一書房からの刊行だったが、すでにこのとき岸優君は三一を辞めてフリーの編集者になっていたから、編集部の後任、増田政巳さんのお世話になった。

八一年九月からは「週刊ポスト」で「巨大教団追及」という長期連載を始めた（八三年五月まで）。これは編集部の竹内明彦さんに頼まれた仕事で、竹内さんその人には反創価学会ライターの段勲《だんいさお》さんから紹介された。

山口組関係について記せば、八一年七月に三代目組長・田岡一雄が心不全で死んだ。その二年前には警察庁が外部有識者の協力も得て暴力団の収入調査を実施、発表している。資金量総額は二つの手法で調べられ、一つは科学警察研究所が実施した生活類型別調査。彼らの年収総額は一兆八一九億円になった。もう一つは資金源別の推計で、こちらは一兆三七六億円である。組員一人当たりの年収は約九七八万円になり、当時の平均的サラリーマンの四倍になった。

こうした動きを受けて講談社刊の「月刊現代」から原稿の依頼があり、八一年一一月号に「〝複合企業〟山口組の経営ノウハウ」を書いた。フリーに出戻った後、最初に書いた山口組の記事である。

八四年からは田岡死後の山口組でだれを四代目組長にするか、各種の策動が動き始めた。

六月、山口組直系組長会で、それまでの山口組若頭・竹中正久が四代目組長就任の挨拶をした。竹中就任に反対する直系組長たちは大阪市東区の松美会事務所に集まり、在阪メディアを呼んで記者会見を開いた。一週間後、反対派は一和会を結成して、会長には山広組組長の山本広が就いた。

だれが見ても山口組と一和会が対立、抗争する動きになり、私は月刊誌「創」の五月号から「ドキュメント山口組」の連載をはじめた（同年一二月号まで都合七回）。この仕事は『血と抗争』以後、山口組がどう動いてきたか、私の頭を整理してくれた。

「創」編集長の篠田博之さんとはH社時代からの知り合いである。

山口組大幹部たちを取材源に

翌八五年一月には四代目組長・竹中正久が大阪府吹田市のGSハイム第二江坂のエレベーターホールで一和会のヒットマンに急襲された。用心のため同行していた若頭・中山勝正、ボディガード役の南組組長・南力もその場で射殺され、竹中組長は二七日、二三時すぎに息を引き取った。

山一抗争はここからさらに激化していった。三一書房編集者の知り合いは「将棋は王が詰めば、負けよ。ヤクザも同じだ。親分を取られた山口組が負けってこと」とうそぶいた。私はそうは思わず、絶対、山口組が勝つと思ったが、口には出さなかった。

二月からは週刊ポストに「日本の暗部摘出」という通しタイトルで連載を持ち、ほぼ毎週のように関西に出張しては、ヒットマンの裁判を傍聴したり、山口組、一和会の幹部たちを取材して回った。担当してくれたのは当時デスクだった海老原高明さんだった（後に週刊ポスト編集長、小学館取締役。フリーアナウンサー勝恵子の夫）。阪神地区の取材はポストの特派記者、鵜飼克郎さんが手伝ってくれた。

このときはもう面も素性も隠すことをせず、正面から現役の山口組や一和会の幹部を取材した。私の前著『血と抗争』は彼らに対してマイナスにではなく、むしろプラスに働いてくれた。ヤクザの世代交代は早く、『血と抗争』で扱った幹部たちのあらかたは死ぬか、次世代にバトンタッチしていた。つまり私は現役組員たちの先輩を知る人に変わっていたのだ。それなりに一目置かれた。

山口組では織田譲二、宅見勝、岸本才三、中西一男、渡辺芳則、一和会では幹事長の佐々木道雄（将城）、常任顧問・白神英雄、組織委員長・北山悟、独立系団体では大日本正義団会長・石川明、住吉連合会副会長・花田正直、稲川会岸本組幹部、警察では高知県警本部長・斎藤正治、元近畿管区警察局保安部長・鈴木達也、神戸市関係では元神戸市長・中井一夫、山口組情報に詳しいライター飯干晃一、鈴木卓郎などに人脈を広げた。

八五年六月には「創」の連載をもとに三一書房から『山口組vs.一和会』を刊行した。

そのころ「月刊プレイボーイ」の編集部員、たしか山本源一さんだったと思うが、声を掛けられ、ヤクザについて何か書いてくれと言われた。

素材としては射殺されたばかりの四代目組長・竹中正久がいいのではないかと考

え、一人で姫路に行った。姫路駅の近く、十二所前町の竹中組に出かけ、事務所の写真を撮っていると、事務所からバラバラと組員が飛び出して来て囲まれ、「この野郎、何してるんだ。怪しい奴だ。事務所に来い」と中に連れ込まれた。机を前に座らされ、私は「月刊プレイボーイの仕事で竹中正久さんを扱いたいんだ」と取材意図を話した。と、「女の裸が載っているような雑誌で親分を扱うのか。ふざけるな」と罵られた。たぶん下っ端の組員だろうが、そう言いつつ、「退屈しのぎにちょうどいいところに来てくれた」と内心、喜んでいる風が窺えた。

組当番の責任者みたいな人がどこかに電話し、その人の許可でも出たのか、私は無罪放免された。組事務所に詰めていたのは末端組員ばかりで取材にならなかったが、私は彼らに人のよさを感じて好感を持った。

その夜、塩町のスナックなどで竹中組の評判を聞き、次の日、姫路署に行って副署長から話を聞いた。副署長は「いまとなっては、死者をむち打ちたくない」と前置きしながらも、「竹中ほど唯我独尊、向こう意気の強い奴はまずいないやろ。警察に対しては徹頭徹尾、反抗的、挑発的で極端なほど疑り深い」などと、警察にしてはわりと率直な感想を語ってくれた。

帰途、大阪で降り、山口組の直系組長などから話を聞いて「山口組四代目・竹中正久組長のヤクザ・パフォーマンス」(「月刊プレイボーイ」八五年五月号)を書いた。私はこの取材をきっかけに竹中正久の生き方に興味を惹かれた。

同じころ、「週刊アサヒ芸能」で編集長になったばかりの松園光雄さんから電話があった。六九年の入社で、私より四年後輩である。当然、私の在籍時には入社していなかったが、フリーに舞い戻った後、彼とは何度か仕事をしていた。

彼は私に、連載を頼めないかと言った。私にも連載の腹案はあった。新橋で会い、酒を飲みながら話した。彼はアサヒ芸能をなんとか従来路線から脱皮させ、B級雑誌から抜け出したい、そのために私にピチッとした連載を頼みたいと言い出した。私の腹案は竹中正久の一代記だった。しっかり取材、調査し、連載したら、アサヒ芸能の読者は飛びつくはずと思っていた。

私は松園氏に「原稿料はいくらだ」と聞いた。ふだん私はこうしたことを出版社には聞かない。松園さんとは親しいから聞いたのだ。きっちりした仕事をしたかったから、事務レベルでも詰めておく必要があった。松園さんは、うちは貧乏なんだ、ページ当たりナンボしか出せないと言う。明らかに週刊ポストや週刊現代より安い。が、それは売れ部数が少ないのだから、やむを得ないことだった。もうちょっと出せないかと押すと、彼は顔をくしゃくしゃにして泣き出した。

適当なところで手を打ち、この企画を進めることになった。たしか山口組顧問弁護士の山之内幸夫の紹介だったと思うが、最初に竹中正久の弟、竹中正（竹中組相談役）に会った。まず実弟から口説き落とそうと考えたのだが、すんなりとは運ばなかった。

一和会大幹部たちの飾らない生態

山口組四代目の竹中正久はその年、八五年一月に一和会の手で殺されたばかりだったし、山口組対一和会抗争の火の手は燃えさかる一方だった。末弟の竹中武は岡山の竹中組を率い、正久の死後、姫路の竹中組の面倒も見て名実ともに正久の後継者だったが、岡山県警は竹中武をシャバに放っておくと報復攻撃がよけい激化すると見たのか、八五年二月、野球賭博の容疑で武を逮捕、以後勾留を続けてシャバに出さなかった。

私は竹中正に竹中正久一代記の企画をぶつける機会がないまま山一抗争の取材を続け、依然、一和会の幹部たちにも会っていた。同年八月末、「週刊ポスト」の企画で一和会の幹部たちに抗争について座談会で語り合ってもらおうと考え、神戸・元町駅の近く、一和会本部下の中華料理店に行った。

一和会の常任顧問・白神英雄（白神組組長）には、座談会についてすでに内諾を得ていた。店には当時の白神夫人だった女性が待機していた。彼女とは大阪ミナミの白神宅で何度も顔を合わせている。大学だか短大だかを出たばかりの若々しい女性である。白神は一九二三（大正一二）年生まれで、当時六二歳。夫人とは四〇歳前後年が違うが、それでも夫人は甲斐甲斐しく白神に仕えていた。

三〇分ほど彼女と雑談していると、上の一和会本部から白神が降りてきた。三人でタクシーを捕まえ、新神戸駅近くの北山悟（一和会組織委員長、北山組組長）宅に行った。ここにはすでに一和会幹事長（佐々木組組長）佐々木道雄が先着していた。三人とも一和会の錚々《そうそう》たる幹部である。

だが、佐々木は座談会を開くことに難色を示した。私はそれまで佐々木には何回も会い、彼の気性は承知しているつもりだったが、佐々木には仕切りたがり屋の向きがあり、何が気に障ったか、急に座談会に反対し出した。佐々木はこの年四月、山口組には伝統的暴力指向と開明的知能指向の二要素があり、田岡一雄の未亡人フミ子は時代に逆行して、暴力指向の竹中正久を四代目組長に選んだとする手記を「週刊現代」に発表していた。一和会の理論派と言えば理論派と言えるかもしれない。たぶん佐々木は、このころ一和会副会長兼理事長、加茂田重政がメディアに華々しく登場して賛否こもごもさまざまな反応を引き起こしていたから、またまた目立つことを重ねたくなかったのだろう。

私は最初からこの「座談会」に期待していなかったから、ダメならダメでいいと無理押ししなかった。今回はムダ足になった出張と諦め、雑談で流したのである。

佐々木は白神と、同席していた白神夫人に面と向かって言いたい放題を言った。自分（佐々木）は白神の五代に及ぶ夫人たちを歴代すべて見てきたが、過去の白神夫人たちは全部若くて美人、今回のあんたが一番ブスだと断定した。白神も白神夫人も佐々木のセリフを顔色一つ変えず聞き流していたが、内心は腸《はらわた》が煮えくり返る気持ちだったと思う。一般的な目からすれば、白神夫人は若く、かわいい顔立ちの女性だった。決してブスではない。

このとき北山悟のたぶん大学三、四年の息子が出てきて、佐々木に「おじさん、ぼくの就職先、探してよ」と言い出した。私は、へー、大物ヤクザの倅《せがれ》にもこんなことがあるんだと驚きを感じた。考えてみれば、大幹部の息子も年頃になれば就職しなければならない。当たり前のことではあったのだが。

以下、事のついでに、このとき私が見聞きした幹部たちの飾らない生態をご紹介しておこう。たんに私が覗き見した下世話すぎる話だが、世間にこの手の話はあまり伝わっていないように思える。

白神夫妻は我々より一足早く北山家を辞した。なんでも近くに「青い城……」とか「ガラスの……」とかいうラブホテルができたらしく、そこが評判いいというので夫婦して泊まるのだと言い置いていった（が、実際にはその夜、そこには泊まらなかったらしい）。白神の行動は若い奥さんに合わせてか、年甲斐もなく若々しかった。

私も帰ろうとしたが、佐々木に「まだいろ」と引き留められた。佐々木は酒に酔ったか、起立して「ご列席の皆さまに山一抗争の解決策をご提言させていただきます」などと、演説口調でふざけたりした。もともと彼は頭立《かしらだ》つことが好きなのだろう。

結局、北山家を出たのは午前一時ごろだった。当時、私は大阪のホテルプラザが定宿で、そこに帰ろうとしたが、佐々木は家に寄って行けと、たしか神戸の灘区魚崎だったと記憶するが、自宅に誘った。ここには何度か取材の度に立ち寄っていた。二階のだだっ広い広間に座り込み、佐々木の酒のおつき合いをしたが、佐々木は面倒臭いことを言い出した。言いたいことは「お前と知り合ったのは白神より俺のほうが早いのだから、お前は白神の家に行くな」ということのようだった。私はだれを取材しようと私の勝手、佐々木にとやかく言われる筋合いはないという考えだったから、まともに佐々木の話を聞く気がなかった。佐々木家を辞去したのは三時過ぎになった。

私はこのとき「月刊現代」からも関西国際空港の建設についてレポートを依頼されていた。同空港はこのころ泉州沖が建設地に選定され、空港島を埋め立てる土取りの場所をどこにするか、生コン業者の差配はどうするか、地元への漁業権をどう補償するか、など多くの利権話が持ち上がっていた。当然、土取り地や用地の選定にはヤクザや同和団体もからんでくる。

ホテルで昼近くに目を覚まし、新空港がらみの質問を国会で繰り返していた沓脱《くつぬぎ》タケ子共産党参議院議員や部落解放同盟、全解連（全国部落解放運動連合会）などにアポ取りの電話を入れた。その後、ホテルの料理缶詰の詰め合わせを持って大阪ミナミの白神を訪ねた。私は早速、佐々木の要求を蹴飛ばしたわけだが、白神には国際空港建設にヤクザがどう嚙むか、大ざっぱな話を聞いた。

夜には山口組の顧問弁護士・山之内幸夫が訪ねて来たので、ホテルのメインバーで酒を飲んで雑談した。当時、私は山之内と気が合い、機会があれば格段の用がなくても酒食を共にしていた。このとき山之内は私が知らない間にバーの勘定を済ましていた。

次の日、泉佐野に行き、H建設のK社長を取材、その後、難波に出て山口組の舎弟、織田譲二に話を聞いた。織田はこのとき四〇分後に組事務所を出て、大阪空港に向かう、韓国を回って台湾に入るつもりだと言っていた（織田が実際に向かったのはホノルルだった。後述）。

佐々木道雄宅での珍事件

夕方、佐々木と連絡が取れ、八時ごろまたホテルの詰め合わせを手土産に魚崎の佐々木宅を訪ねた。当時、一和会と山口組との手打ち話がボンヤリ浮上していたので、その点について佐々木に質すと、「いまは微妙な段階なので、その件についてはいっさい話せない」と断る。それではと、新空港の建設にからみ、佐々木が大林組のH常務と組んで談合の仕切りをしているという街の噂を持ち出した。

と、佐々木は烈火の如く怒り始めた。

「まだそんなことを言っているのか、この野郎、ぶっ殺すぞ」

と私を怒鳴り上げた。呆気に取られたが、何か怒り方に陽気さを感じて、さほど怖く感じなかった。

佐々木は何を思ったか、私の目の前で受話器を取り上げ、K産業のA社長を電話に呼び出し、怒鳴りつけた。A社長がこの話にどう関係するのか、私には皆目わからなかった。ついで佐々木は大林組のO専務に電話した。その後、どう関係するのか不明だが、一和会の松本勝美本部長（松美会会長）にも電話を入れた。私は本部長の松本には会ったことがなかったが、いきなり「松本の電話に出ろ」と佐々木から受話器を押し付けられた。

出ると、松本がまくし立てた。

「お前はワシのことを本名で書きやがって、ワシがお前に責任取れいうたら、どうなるんや。お前の本はろくに取材もせんと、山口組寄りや。一和の者は本部で（の了解を得て？）動いとるんや。キワの話ばかり書かんと、本部長のワシのところに話を聞きに来い」

私は「ハー、ハーわかりました。近々お電話の上……」などと調子を合わせたが、結局、その後も松本勝美には会わず、取材しないままになった。

佐々木は不快感を露わにし、「大林のHなどに会うたこともないが、ここ数年、ワシがHとくっついていると、山口、一和双方から言われる。お前はもうここに来んでいい」などと言った。あげく、どういうつながりがあるのか、「白神などイワシてまうぞ」と怒鳴り散らした。

そのとき電話が鳴り、お付きの若い衆が取った。

「親分、○○やゆうてます」

佐々木が電話を替わった。

「ワシ、いま、お客さんと会っているところや。何してるねン？ 飲んでる？ だれと？ ××か、珍しいやないか。ワシに会いたいゆうとる？ ハッハッ、ここへ連れてきたらどや。構わん。みやげ？ そんなもの要らんわ」

相手は飲んでいるらしく、話がテキパキと決まらない。

「タクシー代出してやるから、来いゆうとるに。そうか。ほならチョコレート買うてこい。そんなもの、なんでもええわ。ほなら」

来るのがだれかわからないが、佐々木とはかなり親しい仲らしい。私は客が来たら、それをシオに帰れると思った。

若い衆が客人として導き入れてきたのは中背小太りの男だった。黒いズボンにポロシャツ、髪は油じみて、なんとなくしまりがない。年のころは四〇前後か。

「なんや、お前ひとりか」

佐々木は突っ立ったままの客をじろりと見上げた。

「××はどした」

「ヤツ、帰りますゆうて。酔っ払って行くには親分の家、敷居が高いゆいよりますねン」

私は腰を上げ、取材の礼を言い始めた。時間は夜の一二時を回っている。

佐々木は引き留めた。

「何ゆうとるねン。ま、ゆっくりしていきなはれ」

先刻の剣幕をすっかり忘れたようである。

若い衆の世話でビールが出た。新来の客は飲みっぷりがよく、一気に喉に流し込むと、傍に控える若い衆に怒鳴るように命じた。

「ビール！」

若い衆は面白くなさそうな顔をして、客が突き出すグラスにビールを注いだ。

しかし客の無遠慮さは止まるところを知らず、じきにズボンを脱いでパンツ一枚になった。垢じみた柄パンで、不潔感が漂う。

そのくせ男は調子のいいことを言う。

「ワシは親分が好きでんねン、親分はほんまあったかい。二年ぶりでんな。来るのに車代七〇〇〇〇円かかりましたわ」

この男は何ものなのか。私は不思議に思った。組員ではない。メディアの人間でもない。何商売なのか。

佐々木は私の戸惑いを見透かしたか、男が小便に立っているとき、「なんや思う？」と聞いた。私が小首を傾げてみせると、「これや」と右手の親指と人差し指で丸を作り、額に当てた。愕然とした。警察官を意味する。それから佐々木は、大阪南署の巡査部長だと言った。巡査部長といえば、巡査より一つ位が上なだけのペーペーではないか。その程度の警察官が佐々木の前で傍若無人の振る舞いをする。驚いた。なぜ佐々木はこの巡査部長を叱り飛ばさないのか。

佐々木の家は鉄筋コンクリート造りのビルになっている。二階が居住部分で、二階の各室はロの字になって広めの中庭を囲んでいる。大広間も中庭に面しているのだが、佐々木は飲んでいて面倒になると縁先のガラス戸を引き開け、中庭に向かって放尿する。広間からは丸見えである。

行儀の悪いことだが、この家の主人だから許されることだろう。しかし、客の警察官も佐々木を見習い、パンツ一枚で庭に向かって放尿を始めた。無礼な話である。後で水を流して臭いを消す若い衆などは作業中、臭くて堪るまい。しかし佐々木は咎《とが》めず、制止しない。二人の間にどのような関係があるのか知らないが、不思議なことである。だいたい佐々木は住所や事務所の場所からして、日ごろお世話になるのは兵庫県警のはずである。大阪府警などはお呼びでない。それも南署のぺーぺーなどになぜ首根っこを押さえられたような真似を許すのか。

その上、この巡査部長は、私に対しても無駄口を叩き始めた。

「お前は幾つやねン。ほなら、ワシより下やんか。そやろ、人間ゆうんに大切なのは知、情、愛や。この愛ゆうんは要するに女やねン、要するに女を愛するゆうことや。お前、どこに泊まってるねン。ふん、今日はそこに泊まるつもりか。生まれはどこや。そうか……、お前、どこに泊まってるねン」

同じことを何度も聞く。相手をするうちだんだん腹が立ってきた。時計を見ると三時を回っている。機を見て立ち上がり、挨拶して、引き留める佐々木の声を聞かない振りで出入り口に向かった。すると、若い衆が追いすがり、

「親分はいてくれゆうてはる。なんで帰りますねン」

「もう時間も遅いし、あす朝早いのや」

インチキの関西弁で言い訳を言うと、

「それはあんたの勝手やないけ。あんたはん帰らしたら、ワシ親分に叱られますねン、あんた、ワシにヘタうたす気かいね」

真顔でこう出られると、無下には帰りづらい。思い切り悪く再び席に戻ったが、巡査部長に対するむかっ腹は納まっていなかった。それでも酒を勧められ、口をつけ、一〇分ほども経ったろうか。

「お前、どこに泊まってるねン」

またしても同じ質問を繰り返された。私は思わずカッと来た。私は頭に血が上ると後先考えず、相手がだれだろうと怒鳴るクセがある。そのたびに反省するのだが、年を取っても改まらない。このときも佐々木の前であることを忘れ、大声を張り上げた。

「どこに泊まってようと、俺の勝手や。だいたい、お前、ろくに知りもしない俺に対し、同じ質問を繰り返したあげく、人様の家でパンツ一丁、失礼やないか」

私の血相変えた言い分に、さすがの巡査部長も鼻じろんだか、言い返してこない。私はこの機をとらえ、

「どうも不調法なことを」と佐々木に向かって頭を下げ、席を立った。佐々木は二言、三言、私に声をかけてから、「ほなら」と頷いた。玄関に向かう私に先ほどの若い衆がついて来、口早に言った。

「すいませんでしたな。じつはワシもあの人がどういう人か知りませんのや。はじめ

ての人やから」

佐々木に後で聞いたのだが、この巡査部長はこの夜、佐々木宅に泊まり、昼間起こされて大阪に帰ったという。

白神、佐々木はこの後も一和会の幹部として活躍していく。しかし一和会の敗北、解散がそろそろ噂されはじめた八七年二月、白神は遊びに行ったサイパン島で殺された。バンザイ岬の沖に射殺された白神の遺体が浮いたのだ。当初、犯人は不明とされたが、後で若い夫人の男友だちが殺し、逮捕されたという情報が流れた。この情報の真偽は不明だが、事実とすれば、二人の仲のよさを知る私としては複雑な感慨を覚えざるを得ない。

また佐々木は八八年に恐喝罪で三年の刑が確定、府中刑務所に収監された。そこを出所したときにはもちろん一和会は解散していた。これまた真偽は不明だが、その後、佐々木はつき合っていた女性と心中だか心中未遂だかを起こし、死んだと聞いた。そういえば、私が佐々木宅をよく訪ねていたころ、廊下を通りすがりに、たまたま襖が開いていた部屋があった。日の差さない暗い和室に布団を延べ、その上に上半身だけを起こして幽鬼のように痩せ細った女性がいた。チラッと見ただけだが、この女性がだれなのか、ついに佐々木にも若い衆にも聞きそびれた。あれは佐々木の奥さんだったのか、病気で臥せっていたのか。ヤクザと女の関係もいわれるほど単純ではないようだ。

第三章

『荒らぶる獅子　山口組四代目』——竹中兄弟の侠気

竹中正（左）と武兄弟。竹中正久の墓前にて（撮影：眞弓準）

マイケル・ジャクソン日本公演の夢

前章で触れた、一和会幹部との間でのやり取りがあったのは八五年八月二九日から九月二日までの間だった。その翌々日の九月四日、「山口組ハワイ事件」が起きた。つまり私が竹中正久伝の突破口にしようと狙っていた竹中正久四代目の実弟、竹中正と山口組舎弟の織田譲二がハワイに渡り、向こうのDEA（米麻薬取締局）に逮捕されてしまった。

九月四日、ハワイ発として日本の各紙は米側情報をもとにおおよそ次のように伝えた。

〈山口組、ハワイで武器調達、ロケット砲・機関銃、オトリ捜査で三人逮捕

竹中正（四八歳）、織田譲二（本名・伊藤豊彦、五七歳）、香港の元飲食店店主・梶田聖（四九歳）はロケット砲などを密輸未遂、麻薬不正取引、殺害謀議の疑いで逮捕された。三人はロケット砲三基、マシンガン五丁、拳銃百丁を調達しようとした。竹中らは殺された山口組組長の報復として、一和会会長・山本広らを殺害する

ため、ハワイで米国の犯罪グループ（実はＤＥＡのオトリ捜査官が扮するマフィア「ジョン・リー一家」）と接触、「ロケット砲を操作できる男を捜してくれ」と頼み、報酬として五万ドルの支払いを申し出た〉

私は「週刊ポスト」のデスク・海老原高明さんからハワイに飛んでくれと頼まれた。同誌で「日本の暗部摘出」という連載を続けていたから引き受けないわけにいかない。九月九日から一四日までハワイ取材になった。現地で書く原稿はそのころ普及し始めていたファックスを使って送稿するつもりだった。

着いた日にはホノルルのハワイ州連邦地裁で竹中正、織田譲二、梶田聖の三人に保釈を認めるかどうか、認めるとしたらその条件は何か――を決める審理があった。私はいきなり傍聴席に座ることになったが、法廷でのやり取りがまるでわからず、困惑した。だが、同じように日本から駆けつけたメディアの中に知り合いの新聞記者もいたし、だいたい警察庁から出向してホノルルの日本総領事館に詰めていた田中領事は私の自宅近くに住んでいた。別に親しくはなかったが、なんとなく知る仲で、こうした人たちが現状がどうなっているか、親切に教えてくれた。

被告席に座る竹中正は元気そうで、入廷したとき私に手を挙げ、軽くうなずいてみせた。織田譲二はオアフ拘置所で竹中と同房だったが、前日、吐血し、セントフランシス病院に担ぎ込まれていた。出血性胃潰瘍とかで、もちろん被告席に織田の姿はなかった。竹中も織田も接見禁止で言葉を交わすことはできなかったが、現地で竹中正の弁護を引き受けたウインストン・三力谷は刑事裁判専門の敏腕弁護士で、日系三世だった。彼にもインタビューしたが、日本社会のなかでヤクザがどういう位置にいるか、よく理解していた。竹中が三力谷弁護士に依頼したのは正解だった。

竹中が落ち込んだのは複雑に入り組んだ事件だった。概要はこうである。

竹中正はかねてからマイケル・ジャクソンの日本公演を実現したいと考えていた。竹中組での彼は「相談役」という肩書きに窺えるように、ややはみ出し者のニュアンスがあった。ほとんど組の活動をせず、自分の興味に任せてふらふら動いている。そのため中国や香港、台湾などで驚くほど顔が広く、オモテ社会、ウラ社会を通して多くの知己を持っていた。何しろ実兄が山口組の組長だったから、アジアのマフィアに対しても押し出しは十分だったのだろう。後に私も何人か香港マフィアや台湾ヤクザ、カンボジアに逃げていた台湾の竹聯幇《チューレンパン》・陳啓礼、上海に移住して難を逃れていた台湾の天道盟など、彼から多くのマフィアを紹介してもらっている。

そういう竹中の関心の一つがマイケル・ジャクソンだった。日本公演はまだ実現していず、竹中正の意向は米ＤＥＡの秘密エージェントでハワイ在住のプロレスラー、ヒロ佐々木の知るところとなった。

竹中正とヒロ佐々木はこの年一月に神戸で会った。ヒロはハワイのマフィア、ジョン・リー一家に籍を置いていると自己紹介し、マイケル・ジャクソンの日本公演を簡単に請け合った。竹中正は喜び、話を朝日放送出入りのメイク会社社長Ｓにつないだ。Ｓもまたマイケルの日本公演に執着している一人だった。Ｓは足しげくハワイに通い、謝礼前金としてヒロに一二五〇万円を支払ったが、次に保証金一億二五〇〇万円を要求されて断念した。竹中正はそれで大阪の不動産業者Ｙを立てた。Ｙも同じくマイケルの日本公演を夢見る一人だった。

ヒロは五月に姫路に竹中正を訪ね、保証金の一部五〇〇〇万円を要求した。Ｙがこれを払った。竹中正は五月、ハワイに飛んでマイケルの公演料四億円などとする基本契約書を詐欺と知らないまま結んだ。次いでヒロは竹中正をＤＥＡのオトリ捜査の深みにはめ込もうと、ホノルルのアラモアナ・ホテルに誘い、米陸軍から借り出した拳銃、機関銃、ロケット砲などがズラリと並ぶ部屋に案内し、武器をためつすがめつ手に取る正の姿を隠しビデオに収録した。この後ヒロは正をロサンゼルスに案内した。

「帰国した竹中正は『マフィアいうのはえらい力ありよるな。機内に道具（拳銃）持たしたボディガードを三人もつけよるのや。それも通関もフリーパスやで。日本のヤクザは比べものにならんわ』と頭から信用してもうたのや」（竹中正から話を聞かされた直系組長）

以下、ヒロの詐欺は延々と進行していくのだが、裁判はマイケル・ジャクソンの日本公演と、山口組がハワイから武器輸入を企むとの筋書きに基づくヒロ佐々木のオトリ捜査が複雑に絡み合い、竹中正、織田譲二ともに有罪かと思わせたが、二人とも翌八六年四月、ホノルル地裁で全面無罪判決を勝ち取り、晴れて帰国した。三力谷弁護士の力が功を奏したのだろう。

竹中武「エエことも悪いことも」

八六年一二月、私は姫路に行き、四代目・竹中正久組長の実弟、竹中正の住まいを訪ねて「竹中正久一代記」への取材協力を頼んだ。

当時はまだまだ山口組対一和会抗争が続き、正とすれば一和会からの攻撃を警戒しなければならない立場だったろうが、透き通しのガラス窓の部屋で外を警戒する風もなく気軽に応対してくれた。部屋は庭越しとはいえ、横の道から丸見えで、ピストルでも撃ち込まれたら簡単に命中しそうだった。

正は背が高く、恰幅もいい。一応、竹中組の相談役だが、話しぶりは穏やかで、淡々と受け答えする。

私は説明した。

「まず『週刊アサヒ芸能』で正久組長一代記を三〇回ぐらい連載するつもりです。完結してからは一冊の本にまとめます。それを竹中組長の墓前に供えられたらと思ってます」

正は「わかった。ええことや。兄貴について話せる者を紹介するとか、ワシにできることは何でもするわ。兄貴はよう喧嘩もしたけど、チンピラにゴテゴテにされたとか、人に知られたくないこともあるわな。エエことばかりじゃあらへん。恥ずかしいことも含めて書かんと、ありきたりの本になってまう。遠慮なく取材してもらってええ」と、気持ちよく協力を約束してくれた。

正宅を出た後、山口組の顧問弁護士、山之内幸夫に電話を入れた。彼は言った。

「岡山のMから今しがた電話がありましてな、岡山の竹中組組長・竹中武さんが今日、都合がつかん言ってるようですわ。今日会うんはちょっと無理ちゃいます？」

私とすれば、その日のうちに竹中兄弟二人に会って話ができれば都合がよかった。

姫路と岡山の間は近いのだから。

　ここでいうMは、山口組ハワイ事件の際、逮捕された正相談役をフォローするよう武組長から頼まれたらしく、ホノルル地裁の周辺に屯《たむろ》していた。竹中組の組員ではなく、「周辺層」に相当する事業家である。私もホノルルでMとは顔見知りになっていた。

　だが、Mを丸ごと信用する気になれなかった。人と人との間に入って、自分の利益を図るようなところが透けて見える気がした。だから山之内弁護士への電話の後、すぐ竹中武組長に直接、電話を入れた。

　武組長とはまだ一面識もなかったが、「一代記」の話は間接的に伝わっているはずと読んだのだ。

「いま、姫路にいます。これから岡山にお邪魔したいのですが。『一代記』の件で竹中組長に挨拶だけでもしておきたいと思いまして」

　武組長は「そうか。そういうことなら来ればええ。ワシは一日中、家におるわ」と言ってくれた。

　このとき正相談役と武組長の関係がどういうものかわからなかったので、「いま、正さんに会って、正さんから、私の取材に協力してくれるって言葉をいただきました」など、余計なことは言わないようにした。兄弟の住まいは姫路と岡山に分かれ、二人とも正久組長の実弟だが、組の跡を継いで組長になったのは末弟の武であって、武より年上の正は相談役にすぎない。二人は仲がいいのか、悪いのか、見当もつかなかった。

岡山駅からタクシーを拾い、「竹中組へ」と頼むと、運転手は心得ていて、何も言わずに竹中組に届けてくれた。おそらくタクシー運転手の間では有名な場所だったのだろう。

建物は道路寄りに組事務所、その奥が応接室と住まいになっていた。居住部分は陽当たりがよく、小さな庭がある落ち着いた和風住宅だった。私はいきなり武組長の執務室と覚しき畳敷きの部屋に通された。大きな膳を前に武組長があぐらをかいていた。

私は一通り「一代記」の企画を説明した後、来年（一九八七年）春ごろには連載をはじめたいと切り出した。

武組長は「どうかな。そのころまでに一和会との抗争が片付いているかどうか。まあ、スタートの時期はともかくとして、取材だけでも先に進めてればええ」と言った。

「書く以上はエエことだけ書いちゃダメや。兄貴のエエことも悪いことも書く。読む者が納得する渋い物を書いてほしいわ。ワシも渋いことをしたら、書いてもらいたいぐらいや」

「渋い」は武組長の最高の褒め言葉のようだった。武組長の言葉は播州弁と岡山弁が混ざっているのか、えらく聞き取りづらい。が、熱のある話し方をし、こちらが黙っていても強調のため同じことを二度ぐらい繰り返す。そのため武組長が何を言いたいのか、よほどうっかりした者でも聞き取ることができる。語り口は訥々《とつとつ》としていながら熱弁家で、聞く者を得心させる。しかも言うことは道理にかない、地頭《じあたま》のよさを感じさせた。

私は竹中武組長が言う「エエことも悪いことも」が正相談役が言った言葉と同じことに気づいて、嬉しくなった。そういうことなら、文章のなかで余計な気づかいはしないですむ。

私の持論は、死んだヤクザは物語の世界に入る、だから多少持ち上げても、それは許される。しかし、現存するヤクザにおべんちゃらを書くのは恥だ。書き手の志の低さと卑しさを露呈することになる。竹中正久は故人なのだから、多少美化してもよさそうだが、それにしてもありのままに書けたほうが読者にとっても、書き手にとっても、ありがたいはずだ。

後に取材を重ねてから感じたことだが、竹中兄弟には日常、面と向かって顔を合わせている様子がない。かといって日ごろ電話で情報を交換し、意見を言い合っている風でもない。そのくせ、二人のいうことは大筋で一致している。不思議だった。なぜ兄弟が出す結論は同じになるのか。

ここで先回りしてしまうが、八八年一月に『荒らぶる獅子 山口組四代目竹中正久の生涯』を本にしたとき、私はその「あとがき」にこう記した。

〈本書は「いいことも悪いことも含め、ありのままに」山口組四代目組長・竹中正久を描くことを主眼としている。書き終えて、読者にどこまでその人間像を伝え得たか、はなはだ心もとないが、本書が成るには多くの方々の理解と協力、教示があった。（略）

とりわけ故人の実弟である竹中武、正両氏からは、通常の遺族がよくなし得ない深い理解とお力添えをいただいた。故人はどのような分野の人であれ、おおむね美化されがちである。それを自ら赤裸の事実を語って、真実だけが人を打つことを証されようとした。

拙著が類書と異り、故人のゆえない美化から免れ、人間性の真実の一端なりとを著わせた部分があるとすれば、ご兄弟のおかげである。謝意と併せ、敬意をも表するものである〉

これはお世辞ではなく、私のホンネである。二人は兄、正久を立て、尊敬しているところもあったろうが、根は男同士の客観的な目で見合っていたはずである。喧嘩や女性をめぐってのドタバタなど、正久組長の滑稽で格好悪い姿にも平然と言及するから、巧まずしてユーモアと人間味が生まれる。要は山口組や竹中武組長におもねらず、淡々と客観的に書ければ成功の部類だろうと考えていた。

この日、武組長宅には挨拶のために行ったのだが、彼は話し出すと止まらず、三時間も私の相手をしてくれた。

渡辺芳則との最初の出会い

翌八七年一月、山口組本部長の岸本才三、当時は若頭補佐だった宅見勝、それと正久組長が射殺された直後の幹部会で若頭に選任された渡辺芳則が、たまたまホテルニユーオータニに立ち寄るから、ちょっと時間を割いてもらい、ガーデンラウンジに来てもらう、そのついでで「一代記」スタートの挨拶ができるのではないかと、アサヒ芸能編集長・松園光雄さんが言い出した。私は好都合と思い、一緒に挨拶に出かけた。

ホテルの従業員も客も、彼らの顔を見たとたん、山口組の大幹部がこんなところに顔を揃えて……と怪訝《けげん》に思ったはずだが、だれも何も言わず、ラウンジには警察も張っていなかった。まだヤクザに対する世間的な認容がその程度はあった。

雑談を交わすうち、宅見が「一代記」進行の窓口になり、大っぴらに山口組内の根回しに動いてくれたとわかった。「一代記」を刊行すれば、正久組長の菩提も弔え、山口組のいい宣伝にもなると吹聴してくれたのだろう。

このとき岸本才三は「四代目は書きにくいやろなぁ」と言った。彼がなぜ正久は書きにくいと言ったのか、理由はわからなかったが、書き手の立場で考えるあたり、彼には文化人風のところがあると感じた。宅見はビジネスライクで黒幕風、渡辺はたいした考えもなく、底が浅そうというのがこのときの私の感想だった。

一月末、竹中正久の長姉、富久子さんを姫路の御着《ごちゃく》の家に訪ねた。富久子さんは竹中家の長女で、若いころは看護師をしていた。彼女が竹中の実家の守り手であり、正久組長の仏壇もこの御着の家に置かれていた。

御着はもともとの生家、深志野《ふかしの》とは歩いて行ける距離にある。私たちは深志野の墓に行き、正久組長の墓に手を合わせた。金剛山徳証寺の墓で、広々として陽光が差していた。

その後、正久組長を古くから知る兵庫県明石・大久保のK商事の社長、明石の山口組直系宇野組の宇野正三組長、正久組長の事件担当だった水田弁護士、若い時分、事務所代わりに使っていたKO麻雀の店主などを取材した後、神戸で降り、私の「TOWN」時代からの知り合いである神戸新聞・田崎義信氏を訪ねた。彼はいつの間にか神戸新聞の編集長になっていた（二〇一七年没）。

この日は姫路泊りで夜、松園さんから電話をもらった。一代記の編集担当が長綱和幸さんに決まったという。彼は七三年の入社で、私より八年後輩である（有能な人で、後に徳間書店の専務にまで昇ったが、二〇〇七年、現役のまま肺炎で没）。

次の日もやはり姫路だった。カメラマンを同行し、まず竹中組事務所の二階を含め、内部の写真を撮らせてもらった。撮影については正相談役から了解を取り付けていた。作業を進めているうち、岡山から武組長も立ち寄り、古いアルバムを持ち出して写真説明をしてくれた。カメラマンは当然、そうした写真を一枚一枚複写した。武組長は几帳面で、写真がいつごろの何のための写真だかわからないときには、正久組長と一緒に写っている人たちにいちいち電話を掛け、時と場所、何の写真かを聞き出してくれた。見事な事務能力で、しかも根気がいい。内心舌を巻いた。バクチ打ちは計数に強く、記憶力もいいというが、兄弟のなかでバクチに強かったのは若くして死んだ英男、次に正と武で、正久組長は弱かったとされる。麻雀ぐらいにしか触らなかった。

次の日はカメラマンと一緒に岡山に移った。

松園さんは連載の初っぱなに、まず武組長へのインタビューを置きたいと言っていた。それで武組長にこの案を持ち出すと、それでいいと賛成してくれた。インタビュアーは私である。インタビューには写真がつきものだ、撮りたいと言い出すと、最初は渋っていたが、根負けしたのか、そういうことなら風呂に入ると入浴し、顔を当たった。風呂から上がって背広にきちんと着替えた上、ダイヤのネクタイピンまでした。写るか写らないかもわからない時計まで腕にはめる。どうせ撮るなら、よく撮ってもらいたいからのぉと言った。

インタビュー中にも「いまの質問は変えてもらったほうがいいな。さっきはどういう質問だったかな」と言い出した。また「これも聞いてくれれば、ワシ答えるで」とも言ってくれた。武組長は意外なことに、やること為すこと、全部が全部、緻密で親切、痒いところに手が届くようだった。

　この日も昼一二時に居間の掘りごたつに入って打ち合わせ、仕事が終わったのが九時、ぶっ通しで丸九時間、武組長と鼻を突き合わせた。武組長は話を聞けば聞くほど腹の据わった頭もいいヤクザだと思った。打てば響く反応を返してくる。

　いま、二代目竹中組の安東美樹組長は六代目山口組の若頭補佐だが、当時は武組長の秘書兼付き人のような役回りだった。この夜は安東氏に車で岡山のホテルまで送ってもらった。彼は運転をしながら、問わず語りに「一年間かぎりの遺言状を書きました」と言った。武組長から、いつ出撃命令が下るかわからない。それを見越しての遺言状だったろう。武組長については、「文武両道に秀でた親分だ」と語っていた。

　四月に連載「一代記」の一回目を書いた。取材はまだ残っていたが、それは連載を続けながらそのときどき取材していく。だが、連載は毎号、竹中家に関係することだから、武組長か正相談役、責任を持てる人に中身をチェックしてもらう必要があった。間違ったことは活字にできない。一回目は電話で原稿を読み上げ、武組長のチェックを受けた。だが、電話ではまだるっこしいし、時間もかかる。それで編集部が簡単なファックス機を買い込み、武組長の事務所に据えつけた。二回目から私が武組長にファックス送稿したが、たいていの場合、たいして直しはなかった。

惚れぬいた女と江夏豊

そのころ正相談役が銀座に出てきた。編集部の長綱さんがそう伝えてきたので、私もつき合うことにした。編集部は当初、ポルシェビルのなかの店を用意していたが、正相談役は我々より先にその店に顔を出していた。すでに二軒で飲んでいて、そこが三軒目だという。

遊び慣れているのだろう、女あしらいがさり気なく、凄みさえ感じさせた。長綱さんは正さんにペリカンの万年筆をプレゼントした。だが、店の支払いは正さんがしてしまった。次に正さんに誘われ、「姫」に案内されたが、ここも正さんの奢りだった。お客さんを迎える側が逆に接待されてしまった。

正相談役はこれから六本木に行くと言うので私と長綱さんは礼を言って別れ、新橋の小料理屋で焼酎を飲んで二人の反省会とした。連載は正久組長の子供時代からはじまり、順調に進行していた。

その二日後、長綱さんと神戸・篠原本町の旧田岡邸に行った。宅見、岸本、渡辺若頭、少し遅れて山之内弁護士が顔を出した。竹中武組長のインタビュー記事がアサヒ芸能の誌面に掲出されたので、次に渡辺若頭のインタビューをやろうと、編集部も山口組執行部も考えたのだろう。

　この当時、次期山口組の組長は渡辺芳則という世評が高まり出していた。宅見、岸本はいわば渡辺擁立派の司令塔といってよかった。

　アサヒ芸能でインタビューするなら、それまでの行きがかりから私がやることになる。しかし、私は渡辺を高く買っていなかったし、彼の人間性に興味もなかったから、やってもやらなくてもどうでもいいと考えていた。

　渡辺インタビューは結局、時期尚早だという宅見ら司令塔の判断で、当面はやらないとなった。が、編集部は時期が来たらやれると考えて、落胆はしていなかった。

　四月下旬、岡山に行き、岡山駅と二駅、隔たるだけの大安寺に住むK子さんに会った。一代記の追加取材である。

　彼女は竹中正久が惚れぬき、姫路の街を追いつ追われつ大騒ぎした挙げ句、ついに（K子さんによれば）正久に思いを遂げさせなかった女性である。会うと、銀座「クラブ順子」のママをしていた田村順子さんに似たところがある。目が大きく、やや垂れ目、えくぼと白くきれいな歯並びがさわやかな女性で、正直に言えば、田村順子さんより美人だった。

K子は田村順子と変な因縁がある。田村順子は日活の俳優、和田浩治と一九七四年に結婚。八六年和田が胃がんで死んだ後、優勝請負人と言われたプロ野球投手、江夏豊とつき合い、週刊誌で「江夏、順子さんという枯れ木に水」などと冷やかされた。K子は田村順子の前、甲子園で江夏と数年間、同棲していた。つまり順子とK子は江夏を通して「姉妹関係にある」ともいえた。

K子は岡山の生まれで、十代のとき姫路に出た。最初は魚町のキャバレー「福中花壇」に勤め、その後、料亭「Y」、クラブ「E」と転じた。のち自分でクラブ「K」を姫路で経営した後、前記の通り江夏と数年間同棲、その後、江夏と別れて岡山に帰り、またクラブ「K」を始め、私が取材で会ったときには無職というのが彼女の略歴だった。

四代目組長・竹中正久はK子が江夏と同棲していた時期を除き、ほとんど全期間K子と関わっていた。最初にK子を知ったのは「福中花壇」だったし、岡山のクラブ「K」にも彼女を訪ねている。中で最も激しく執着を募らせたのが一九六六～六七年(昭和四一～四二年)ころだった。K子が姫路のクラブ「E」にいた時分で、年齢でいえば正久三二歳、K子二三歳ごろの話だった。

姐さんは事件の荒波に沈んだ

もっとも竹中正久には、中山きよみ（二〇一三年没）という内縁の妻がいた。まだどこの組織にも所属せず、姫路で愚連隊をやっていたころ、竹中の一党は姫路駅の近く、光源寺前町のＫＯ麻雀に屯していたが、ここによく遊びに来ていたのが中山きよみだった。彼女については、もともと地元の小学校だか中学校だかの校長の愛人だったという話を聞いたことがあるが、真偽のほどは知らない。そのころは近くで小さなバーを切り盛りする「べっぴんで、竹を割ったような気性の女性」（麻雀店店主）だった。

古くから竹中組の若い衆だった坪田英和に聞いたことだが、「親分（正久）いうのは、女にはわりと照れ屋のところがあったからやね。親分、女に言うたらよさそうなもんやのにな、ワシら思うわけや。だけど、親分はよう言わんみたいなところがあったな。そやから、親分はワシらに『言うてくれ』とは言えへんけどやね、まあ、こっちが気ィきかして言わな、しょうがないところもあるわけや。だけど姐さん（中山きよみ）のときは、ワシら『ああ、いつの間に一緒になったんかいな』思うぐらいで、まるでわからなんだ」

しかし、二人の間には子供がなかった。よく「子はかすがい」と言うが、それがなかったし、正久組長はきよみを籍に入れなかった。法的には結婚していないことになる。

愛媛・今治に根を張る山口組直系組長・矢嶋長次は若い時分から正久組長と親しかった。矢嶋のところにも取材に行ったが、彼はこう言っていた。

「ヤクザに女、子供がいると、後ろ髪を引かれて、行き腰（喧嘩根性）が鈍る。だからワシは女房、子供を持たんとか、格好つけた話が伝わっとるけどな、竹中（正久）の場合、それはウソや。本人に子種がなかったんや。繁殖力があったんは竹中の親の代で、一〇人以上も子を生んだ。しかし竹中の兄弟姉妹をよく見てみい。たいていが若死にか、そうでなければ、子なしや。武の場合、子はいるけど、それでも一人やろ。

姐さん（中山きよみ）の籍を入れなかったんは、竹中も姐さんも単にずぼらだったからや。式も挙げず、籍も入れない。格好ええ話とちがうねん」

事実に近い見方だろう。正久自身は組長に就任した後、「サンデー毎日」のインタビューでこう答えている。

「女房かいや？　おらん。ま、二〇年ぐらいつき合うとる女はおるけどな……」

この「女」が中山きよみを指すことは言うまでもない。籍が入っていないのだから「女房はおらん」という言い方はある面、正しい。

一代記の取材で、八七年の秋、中山きよみに会った。もっと早くに会わなければならなかったのだが、きよみは正久組長の所得税法違反事件に連座して、長いこと姿をくらませていたから、会おうとしても会えなかった。

彼女は風邪気味と聞いていたので、果物カゴを下げて姫路のマンションを訪ねた。部屋に上げてくれ、姫路の祭り鮨を振る舞ってくれた。開いたコノシロの押し寿司で、おいしかった。その後、きよみがよく正久と一緒に食べに行ったという小溝《おみぞ》筋の「赤心亭」に案内してくれ、とんかつ定食を食べた。

食事中、彼女の物言いはどこか抑え気味で、気っぷのいい闊達さは感じられなかった。何か鬱屈を感じさせた。

きよみはたしか正久組長の通夜にも顔を出さなかったと思う。表向きは所得税法違反事件で体を躱《かわ》す必要があったと説明されるが、事実は違うかもしれない。というのは、武組長から、こう聞いたことがあるからだ。

「夜、若い衆と一緒に姫路の街に飲みに出て、若い衆が道ばたで立ち小便すると、それに並んで、女だてらに立ち小便する。そういう女なんや。恥ずかしくて、とうてい公式の場に出せる女とちがう」

女性の立ち小便に驚く人がいるかもしれないが、少し前、地方によっては、また女性の年齢によっては、珍しい習慣ではなかった。私も旅先で何回か立ち小便する女性を見たことがある。が、だからといって、行儀が悪い習慣であることは間違いなく、身内としては隠したいことだったろう。

武組長の話があったせいもあり、連載中のきよみの登場は必要最小限になった。

私が中山きよみに会った後、元山口組の若頭補佐で、竹中正久組長とは「お神酒徳利」といわれるほど仲がよかった細田利明さんの家に、きよみから電話があり、電話口で細田さんに向かい、嘘つきの、殺すのと怒鳴り上げたらしい。もう記憶は定かでないが、ことによると、私は細田さんを介して中山きよみにつないでもらったのかもしれない。

細田さんは私に「往生した、武組長にこのことを知らせてくれろ」と言った。

細田さんは山口組から退いた後、産業廃棄物の最終処分場を経営していた。もちろん細田さんにも取材で話を聞いたが、非常に物事を整理して論理的に語れる人だった。おそらく山口組の中でもピカ一で、さすがに正久組長と無二の親友だっただけのことはある、と感心した。山口組OBとしては稀なことに、事業家としても成功したが、二〇一九年、脳梗塞を発症して、現在、リハビリに努めている。

早速、私は武組長に電話し、中山きよみに会ったことと、きよみと細田利明さんの一件を伝えた。武組長は「わかった、細田には『姉御（中山きよみ）のことは気にせんでくれ』と伝えといてくれ」と言った。

きよみが何に腹を立てているのか、私にはわからなかったが、彼女には自分が体を躲していている間に、正久組長の思い出と遺産をメチャクチャにされたという恨みがあったかもしれない。

四代目・ヤクザの頂点と恋

山口組四代目・竹中正久組長が二〇年間つき合った内縁の妻、中山きよみには正久の死後、自分の存在をないがしろにされたという思いがあったろう。きよみは正久組長の所得税法違反事件に巻き込まれ、正久射殺前から当局の追及を逃れていたから、正久組長の死に目にも会えなかったし、お棺に納まる死に顔にさえ対面できなかった。武組長をはじめ竹中組関係者はもちろん、山口組関係者もすべてがまるで自分が存在しないかのように振る舞っていると感じて、孤立心と敵愾心《てきがいしん》を強めていたはずである。

だから、山口組執行部が持ってきた正久の香典三〇〇〇万円を突き返したし、正久組長の形見分けにも関与できなかった。四代目は意外なことに衣装ダンスにネクタイ八〇本を残していたという。

あるいはことによると、遺産の配分をめぐり、竹中きょうだいとトラブルを抱えていたかもしれない。おまけに正久組長が射殺される原因とも現場ともなった新大阪駅近くGSハイム第二江坂に住むN子の存在があった。きよみがN子を快く思うはずがなかった。

長野市の近松組・近松博好組長は山口組の直系若衆の一人で、正久組長や武組長の側近だったといっていい。名古屋の名神会・石川尚会長などと同様、あえて言えば「竹中派」だった。

私はきよみに会って間もなく長野市に行き、近松組長を取材したが、そのとき正久組長とN子が北海道かどこかに遊びに行った際の写真を何枚か見せられた。大判のカラー写真だった。

N子は一九五三年、鳥取生まれと聞いていた。私は勝手に田舎っぽい女性を想像していた。高卒後、会社勤めをした後、鳥取のクラブに勤め始め、たまたまその店に立ち寄った正久組長と知り合ったらしい。

武組長にN子のことを持ち出したこともあるが、正久組長がむごたらしく射殺された直後のことで、武組長には、メディアの興味からN子を守らなければならないと腹を固めた風が窺えた。会わせてほしいと頼むことさえ憚られ、結局、N子についてはその後も会わず、顔写真さえ見ず、今どうしているか消息も聞かず、そのままになった。

近松組長からN子が写る写真を何枚も見せられ、私はびっくりした。色白の顔にサングラスをかけ、とびきり知的な感じのする美人だった。彼女にはリスに似て小柄で敏捷なイメージがあったようだが、私はよくぞこれほどの美女が正久組長になびいたものと感心した。

正久組長もサングラスに軽快なジャケット姿で、あっぱれ都会風の遊び人だった。姫路で警官を怒鳴り上げた田舎っぽいイメージは毛ほどもない。おそらく山口組の組長に上がる直前の旅だったのだろう。組長になれば自由に動けない、息を抜くためには今しかないと、配下たちが手取り足取り送り出したにちがいない。それで腹心の配下、近松組長がお世話係として旅に同行したのだろう。

私は写真を見て、これなら死ぬな、死んでも文句は言えないな、と根拠もなく思った。正久組長は最高の女を手に入れた。彼の悲劇は女性の獲得と四代目組長襲名とがほぼ同時だったことだ。発情した雄として、ボディガードなんか面倒臭いし、格好が悪い。蹴飛ばす気になったとしても理解できる。

竹中正久一代記は八八年三月、四六回連載して最終回にたどり着いた。連載は幸い好評で、連載中、「週刊アサヒ芸能」は部数を伸ばしたと編集部は喜んでいた。編集部は連載終了を待たずに連載をまとめたハードカバー『荒らぶる獅子　山口組四代目竹中正久の生涯』を刊行し、これもまずまずの売れ行きだった。

私と編集部の長綱和幸さんはこの本を抱えて岡山や姫路の御着に行き、武組長や姉の富久子さん、正相談役などに献本し、正久組長の墓前に供えた。竹中組のみんなと山口組の執行部が本の刊行を喜んでくれた。

第四章

「山健一代記」——渡辺芳則との食い違い

山本健一三代目若頭（提供：共同通信社）

五代目組長に就任した当時の渡辺芳則
（撮影：眞弓準）

渡辺五代目の自分語り

竹中正久組長一代記は企画として成功したと見ていいだろう。編集部はこれに味をしめたか、引き続き私に「山本健一一代記」を書かせようとした。私はヤクザ者についての著述が続くことに、少しだけ不安を感じた。自分ではヤクザ専門ライターとは思っていなかったからだ。

現に正久一代記を出す前には光文社の千葉昭さんと組み、「宝石」に「性の彷徨者《さまよいびと》たち」を連載、単行本として八二年、晩聲社から刊行した。千葉さんは高校時代の同窓生だったが、定年後すぐに病没した。八三年には紀尾井書房から『池田大作　創価王国の野望』を、現代書林から『サラ金商人　武富士・プロミス・レイク・アコムの〝帝王〟たち』を、それぞれ刊行した。八四年には晩聲社から『ニューサーティ・リポート　団塊の妻たちはいま』を出したし、八六年には文藝春秋の浅見雅男さんと組み、「週刊文春」で「レオナルド・ダ・ビンチ習作疑惑」について連載した（浅見さんは文春の役員になった後、二〇〇九年に退職したが、皇族、華族制度を研究し、その関係の著作十数冊を物している）。

ここにはセックスや創価学会、サラ金、宗教団体と絵画はあっても、暴力団はない。私は社会畑全体をカバーするライターでいたかった。だが、とはいえ、私が山口組を一貫して取材してきたことは否定できない。テーマとして扱った回数も新宗教などと比べ一番多かったろう。

長年の経験が物を言って山口組の要所にパイプもでき、その分、取っかかりもあって、気軽に取り組み易いテーマだった。山口組はマーケットが確立されている分野で、書けば、必ず買ってくれる読者がいた。本が徐々に売れなくなる時代に入っていた。マーケットが見える分野はそれだけで貴重だった。私は山口組を一貫して相手にしてきたことで、読者からいくぶんか信用のあるライターになっていたろう。ちょうどそのころ引っ越しを考えていたから、カネも必要だった。

私はなんやかや考え、山健一代記をやることにした。いま思えば、これが一九九〇年、私が刺される遠因になったのかもしれない。

正久一代記ときびすを接するかたちで、八七年一二月、私は単身、神戸市花隈町の山健組本部を訪ね、渡辺芳則組長と面談した。電話であらかた下話は済ましていたから、いわば挨拶に出向いたといえる。

組事務所には三〇～四〇人の若い衆が詰めていた。質素な小部屋に通され、そこで渡辺組長と一対一で向き合った。私は来年三月ころからアサヒ芸能誌で「山健一代記」をはじめさせてもらえないかと頼んだ。彼は即答せず、そういうことなら山口組若頭補佐の宅見勝や岸本才三（のちの総本部長）を掻き口説いてほしい、自分としては連載をはじめることに異議はない、と言ってくれた。お茶うけに輪切りにした焼き芋が二、三片皿に盛られて出た。珍しい。渡辺組長が栃木県壬生《みぶ》町の出身と知っていたから、私は田舎風でいいじゃないか、と好感を持った。

渡辺組長は気が向いたか、自分の子ども時代の話をはじめ、私が辞したときには三時間二〇分が経っていた。この分では連載は行けるだろう、いい兆候だと、そのときは感じたが、しかし、よく考えれば、私の取材目的は渡辺組長の親分である山本健一だった。渡辺組長は主役ではなく、脇役なのだから、彼の子ども時代の話は必要がない。

そのころ山口組対一和会抗争は発生から三年半が経ち、中だるみ状態だった。まだ抗争は決着がついていない。だが、夕刊紙やスポーツ紙、ヤクザ系週刊誌などは、「五代目は渡辺芳則」と打ち上げ花火を上げはじめていた。渡辺・山健組組長は竹中組長亡き後、山口組の若頭になったし、死んだ初代山健組組長・山本健一が四代目山口組組長就任を目前にしながら獄死同然に死んだこと、また渡辺が胸厚の体で、顔がいかつく、いかにもヤクザ的にフォトジェニックだったことも手伝ってか、五代目組長の呼び声は高かった。

若頭補佐の宅見勝なども渡辺に、次の組長はあんただと焚きつけていただろう。渡辺はすっかりその気になり、自分が主人公と思い込んでいた。だから、どうしても話が山健に向かわず、渡辺自身に行ってしまう。後で私はこのことにイライラすることになるが、当時は渡辺について、そこまでは思い及ばず、楽観視していた。

もっとも渡辺の自分語りはメディア的には価値のある話だった。渡辺の一言一句に飛びつく大阪の夕刊紙記者は多かったと思う。

しかし、私はそのころから渡辺は山口組組長の任に耐えないと見なしていた。これは一つに竹中武からの影響だった。武組長は対一和会抗争で功績を挙げた者が山口組の五代目組長に就けばいいと考えていたが、その観点に立てば、とうてい渡辺が率いる二代目山健組は目立った働きをしていないと見なしていた。

おそらく宅見あたりが渡辺に、抗争にはさほど力を入れなくていい、ヘタに動いて、あんたが殺人教唆などで逮捕されたら、アブ蜂獲らずだ、せっかくの五代目も吹っ飛ぶなどと、吹き込んでいた可能性もある。

私はなまじ耳学問で山口組の内情を知った気でいたから、最初から渡辺五代目などはナンセンスだと考えていた。

「女傑」秀子夫人の罪と罰

八八年一月から本格的に山健こと山本健一の取材に入った。今回は編集担当の長綱和幸さんと神戸に行った。花隈の山健組事務所で夕方六時から夜一一時まで、渡辺組長の了解を得て机の上にテープレコーダーを置き、それを回しながら都合五時間の取材になった。

次の日、長綱さんは帰京し、私は大阪に出て山之内幸夫山口組顧問弁護士と揃ってミナミの島之内にある宅見家に行き、下の「瀬里奈」で肉をつつきながら、夕方五時から八時過ぎまで宅見若頭補佐を取材、その後、場所を宅見家に移すが、途中トイレを借りると、ピンクの大理石張りの浴室に案内されて驚いた。浴室の床は大理石を積み上げてピラミッド状に盛り上がっていき、その一番上に広い浴槽をしつらえていた。失礼ながらラブホテルという言葉が浮かんだ。聞きしに勝る宅見組長の財力の現れだった。

三月に入って山健組の松下正夫本部長を取材した。彼の一族はもともと神戸港の沿岸荷役業を仕切る五島組の系統だった。山健組の生え抜きではなく、その分、組に対して冷めた目を持っていた。記憶力がよく、話が面白く、しかも山健組内で唯一先代の未亡人、山本秀子さんときちんと交際を続けていた。

正久一代記と同様、山健一代記でもだれかに記事のチェック役に就いてもらう必要があった。当初はチェック役に宅見若頭補佐を考え、一度頼みかけたが、彼は忙しすぎる。松下本部長がいいのではないかと思いはじめた。

次の日、大阪で待機し、午後、松下本部長に電話すると、夜、山健未亡人の秀子さんが松下会に寄るというので、紹介してもらおうと再び神戸に出かけた。松下会に着くと、秀子さんが来るのは近くの松下正夫宅というのでそちらに移り、松下夫人などと世間話をしながら秀子さんを待った。

松下夫人は頭の回転がよく、話が面白い人だった。すぐこの後で知ることになるのだが、秀子さんも頭の回転がよく、話の面白い女性だった。二人のタイプはよく似ていた。二人とも若いころはスナックの経営など水商売を経験しているが、色気で客を呼ぶタイプではなく、人好きのする話術や態度で客の人気を集めるタイプだった。だからだろう、松下夫人も秀子未亡人と仲がよく、正夫本部長が長いこと秀子未亡人と交際を続けていられるのも松下夫人の力が大きいだろうと感じた。

現れた秀子未亡人はズバッとした物言いをし、なぜか「女傑」という言葉が浮かんだ。中肉中背で均整の取れた体つきをし、弁舌がハッキリしている。事に臨んで下す判断は客観的と感じた。

彼女はいきなり「死んだ夫について本を出すことは中止にできないか。私と息子とはいま、まるで山健組と関係なく暮らしている。息子は会社勤めだから、本が出ることで悪い影響が出ることが心配だ」と言い出した。

私は言った。

「息子さんには悪い影響が出ないようにします。早い話、本のなかに息子さんを登場させなければいいのだし、言及もしません。これは私の一存で約束できます。しかし本そのものを出さないというのは不可能でしょう。出版社も山口組の執行部も乗り気になっています」

秀子未亡人は電話を掛けるために席を立った。ほどなく戻ってきて、「いま、息子と電話で話し合った。結論として本にすることを受けさせてもらいます」と言った。

彼女は話し出すと話が尽きず、この日、午前三時ごろまでずーっと話し続けてくれた。

このときの取材でも感じたことだが、取材を進めるうち、山健組について気づくことがあった。私がこのとき比較の対象にできたのは前の取材で知った竹中組だが、竹中組に比べて違和感を覚えた第一は古い組員が組に現存せず、しかも服役とか死没とかの理由ではなく、単に行方知れず、音信不通になっていることだった。たとえば取材で旗揚げ早々の山健組はどうだったか、当時の組員の体験を聞こうにも不可能である。行方知れずとなった原因は、たいていが破門、絶縁などの処分だった。乱発といっていいほど異常に処分数が多いという印象を持った。

秀子未亡人はこのとき、山健と結婚した当初、古い組員たちからいびられた体験も語ってくれた。

「ひとがせっかく作ったのに『おやじ、カレーライス好きでないわい』と言われたとき、どんなにみじめになるか。自分が一番知らないかん夫のことを、人が知ってるいうのは耐えられへんですよ。

それに男の意地悪いうたら、女のより程度が悪い。ましてねじ曲がって育ってきたのが多いから、常識では考えられんような真似を平気でするわけ。あたしは黙って一〇年耐えました。あたしが権力を貯めたとき、そういうのは全部放り出しましたわな」

ここで「放り出した」は破門にしたという意味だろう。

山健は知る人ぞ知る恐妻家だった。秀子夫人には組の人事さえ左右する山健への影響力があった。山健組内には最強の第三次団体、山秀組（組長・山本秀子）があるとされたほどである。

取材当初、松下正夫本部長が話してくれた。

「嫁はん（秀子）の言うことに（山健は）何も逆らえまへんが。ヤクザの筋のことやったらさすがに『こらーっ』と、ナンボでも言いよったけど、家庭のことなら絶対に『うん、そやな、うんうん』て、ネコみたいなもんですわ。ネコと飼い主の関係やね。ほんまに、こんなに嫁はんに弱い親分見たことない。わしら腹立って、腹立って……」

秀子未亡人は渡辺芳則を山健組の若頭に据えたのも自分だと言った。渡辺が山健の拳銃不法所持で身代わりに服役してくれたことを高く買ったからだという。

「お父さん（山本健二）を助けたのはこの子（渡辺のこと）なんやから、私の権力の座を乱用してでも、この子を絶対に男にしてやると思うたわけ。だけど、私はね、主人には命令できないの。そやけど、上手に、主人の弱いところは知ってるでしょう。男って、はっきり言うて寝物語に弱いですよ。芸者秀駒の腹の上に乗ったら、政治が変わるいうくらい、女って強いものです。私があの子（渡辺）を若頭に据えるよう持っていった」

しかし、こうした貴重な証言はさすがに連載では使えなかった。これらのことは、山健の一代記とは直接の関係がないとか、渡辺に絡む話は枝葉だ、使えないとか、理由はさまざまに言えるだろうが、要は私が書いたところで、私はすでにチェック役を松下本部長に頼んでいた。彼がそのまま通すわけがないし、だいたい私自身が山健一代記を破綻させかねない証言を採用するつもりはなかった。こうした証言は温存し、いつか公表できる時期と企画に出会ったとき、公表するつもりだった（事実、そうした）。

当時、山健組は武闘派として鳴り響いていたが、私は取材を進めるうち、こうした世評はちがうのではないかと思いはじめた。山健自身が山口組三代目組長・田岡一雄への忠誠心ではピカ一だったが、それ以外の分野ではメチャクチャに破綻していると感じた。山健にあるのは味方身びいきと、敵と見た者への異常すぎるほどの敵愾心であり、これで山口組若頭としての見識があるのかと感じた。だから組内の統制も人事も乱れているのでは……と思った。もっともこうした正直な思いは山健一代記では書けないことだったが。

八八年の四月初旬に山健一代記の第一回を書いた。以降、毎週書き継いでいく。第一回のときには書き終えてから、渡辺、松下両氏に電話口で原稿を読み上げ、了解を得たが、手間がかかり、やはりファックス利用で松下本部長にチェック役を頼むことにした。中旬に松下さんの案内で秀子未亡人の家を訪ねた。たしか大阪・江坂のほうだったと記憶するが、食堂は山健が焼き肉好きというのでテーブルの上に煙の吸込み口が下りているつくりだった。秀子未亡人は山健組の者を家に近づけず、ただ松下本部長だけに来訪を許していた。子どもはことによると長男だけだったかもしれない。学生時代、空手をやり、大会に出て優勝するほどの腕だったが、ヤクザ臭はまるでなく、堅い会社のサラリーマンになった。秀子未亡人は上等な肉をステーキにして出してくれたが、ソースがケチャップ味で、私は旨いと感じなかった。

渡辺芳則からのお知らせ電話

連載は翌八九年の春に無事終え、四月に単行本『雲を駆る奔馬　三代目山口組若頭山本健一の生涯』が出ることになったが、本が出る直前、三月末になって渡辺芳則が何が気に食わないのか、本を出すなと言いはじめた。

私は呆気に取られた。渡辺は暴力団的にはなるほど山健組を引き継いだ者ではあるが、ライターである私からすれば、取材に応えてくれた多くの人たちの一人にすぎない。証言の重要度、緻密度、面白さという点では山本秀子未亡人や松下正夫本部長など、渡辺以上の語り手が何人もいた。だいたい私の本は一般読者を対象にする本であって、山口組や山健組、渡辺のために出す本ではない。

出版を止めろと言い出す権利など、最初から渡辺芳則にはない。私は彼の許可など要らないと出版を強行しようとしたが、版元（徳間書店）の編集者、長綱さんは大人だった。当時、渡辺の五代目就任を後押ししていた宅見勝若頭補佐に間に入ってもらおうと言い出した。私は長綱さんに従い、彼と一緒に大阪に出かけた。

大阪の中津に目立たないホテルがあった。たしかその地下に和食店があり、そこで渡辺、宅見に会った。何かの会合の後だったらしく、席には岸本才三、前田和男（黒誠会、若頭補佐）など、他の幹部もいた。畳敷きの部屋である。雑然とした空気の中で座りがけ、私は渡辺に「このたびはどうも」と簡単に頭を下げた。彼は軽く頷いた。

これで解決したらしい。釈明も求められなかったし、以後の言動について何か約束させられたわけでもない。宅見がちょっと口をきいただけで、渡辺は簡単に出版取り止めという要求を引っ込めた。そのくらいのことなら、最初から理不尽なことは言い出さないことだ、いい大人がみっともないと私は感じた。

予定通り山本健一の本は出版された。直後に宅見から私の自宅に電話があった。山健組が亡き先代についての本だということで、何千部か買うと決めたというのだ。

「それはわざわざどうも。話を聞いたら編集部が喜ぶでしょう」

と私は答えて、自分が喜ぶとは言わなかった。前のいきさつもあったし、一般書という本の性格から、組が少部数でも買い取ることはふさわしくないと思っていたのだ。

そうでなくても私は渡辺芳則に感情の齟齬を感じていた。前年、八八年の五月にこういうことがあった。

竹中組系安東会会長・安東美樹（現、六代目山口組若頭補佐）らは、神戸市東灘区の一和会会長・山本広宅を擲弾などで攻撃、張り付け警備していた警察官三人を銃撃して負傷させる事件が起きた。

暴力団であっても警察官を殺傷したくないことは当然である。警察から徹底的に報復されることを恐れて、「警官殺傷ノー」は暴力団のルールといえる。

当初、山広邸襲撃はどこのだれがやったか、犯人は不明だった。次の日、渡辺芳則が新宿区高田馬場の私の仕事場に電話を掛けてきた。そのころ渡辺からこうした電話は何回かあり、私は渡辺の口から山口組執行部が何を考えているか、おおよそつかむことができた。

私は「週刊アサヒ芸能」に「山健一代記」を連載していたが、他にも「週刊ポスト」、「週刊現代」、「アサヒ芸能」、月刊の「実話時代」などに、山口組対一和会抗争についてそのときどきレポートを書いていた。

渡辺は私の商売を承知しているはずだが、このとき事件について、こだわりなく自分の感想を述べはじめた。

たとえば私が「事件は山口組の仕業と警察は見ているようですが」と水を向けると、渡辺は、

「こんなんはじつに非道なことですわ、往生してます。まさかうち（山健組）とちがうやろなと思いながらも、まず足元固めなあかん。三時間掛けて組内全部を調べさせたわ。調べた結果は該当者なしで、まぁよかったと思うてるとこですわ。幹部からは『親分、わしらがそんな（警官を撃つような）教育を若い者にしてると思うてましたんか』と苦情が出たけど、『わかった、わかった』いうてな（笑）、『調べなぁわからんことやし、気ぃ悪うすな』と」

――山口組系の者がやったとすれば大変なことをしでかしてくれた、と？

「そうやね。シャブ打ってやったとしか思われへん。判断力がちょっとでもあれば、こんなことせぇへん。プラスになること一つもあらへんやないの。マイナスばっかりや」

などと答えた。

私は渡辺の言葉を一問一答のかたちで記事化した。渡辺の名も山健組の名も伏せ、単に「山口組最高幹部」が語ったとして、渡辺の了解を取らず、活字にしたのだ。

渡辺は後日、これを咎めた。私が名や組名を伏せ、だれが語ったかわからないように措置をとったと言い訳すると、「語り口調で俺とわかってまう」と渡辺は言った。そんなことを問題にするなら、「俺が頼んだわけでもないのに、俺のところに電話を掛けてくるなよ」が私のホンネだった。

竹中武の渡辺への反発

八八年五月、一和会会長・山本広宅への擲弾暴発事件はまもなく竹中組系幹部の犯行と分かった。首謀・実行犯の安東美樹は山口組直系後藤組（後藤忠政組長）などの助けを借りながら逃亡を続けていた。

事件そのものは山本広（山広）に一指だに触れられなかったのだから、失敗である。だが、事件の一週間前、組長の竹中武が仲介者を通して一和会副会長・加茂田重政と折衝、加茂田組の解散と加茂田組長のヤクザからの引退を引き出していた。一和会というタマネギの皮を一枚剝いて、芯に納まる山本広を裸で引き出す戦法である。

事実、直後に一和会幹事長代行・松本勝美、理事長補佐・福野隆、常任幹事・中村清が組を解散し、彼ら自身は引退した。その後も一和会の崩壊は続き、七月半ばまでに松尾三郎、北山悟、井志繁雅、坂井奈良芳、大川覚、河内山憲法、浅野二郎、徳山三郎、吉田好延、末次正宏、片上三郎といった幹部が一和会を脱退した。

事件により山広に対する竹中武の激しい敵意は改めて世に知られた。無惨に殺された兄・竹中正久や若頭・中山勝正の仇を討つためなら、警護する警察官でも巻き添えにする……。

この襲撃に関し、渡辺芳則から掛かってきた電話で私が記事にまとめた「山口組最高幹部インタビュー」が活字になった後、竹中武が私の仕事場に電話してきた。

「記事のなかの最高幹部いうんは渡辺やろ。『シャブ打ってやったとしか思われへん』て、バカも休み休み言えいうんや。自分んとこの若い衆がシャブでパクられとって吐けるセリフか」

武は渡辺を悪しざまに罵った。たしかにこの電話の二、三日前、山健組の組員が覚醒剤の密売で逮捕された、と報じられていた。総じて山健組には覚醒剤事犯が多かった気がする。武は、そうでなくても、ふだんから渡辺をオカマ呼ばわりし、あんな者は男じゃない、と広言していた。

武組長は周りに対しては思いやりがある優しい人だったが、こと山広がらみについては「奴が腕一本、叩き落として謝りに来るなら別やが」とかたくなだった。一和会との和解、山一抗争の終結、五代目選任へと傾く山口組全体のなかで、武組長だけが徹底抗戦を主張した。当時、私が岡山の竹中宅を訪ねたときにも、平気で若い者に言い含めていた。

「必要なら機関銃でもロケット砲でもヘリコプターでもなんでも買うてやる。遠慮なくワシに言うたらええ」

警察に知られれば、殺人教唆に問われる発言のはずだが、武組長はまるで意に介さなかった。

そのころ、武はさして広くない庭に本格的な茶室を建て、「自己流やけど茶をはじめる」と言っていた。茶を通して安心立命の境地に、という思いだったかもしれない。だが、燃え盛る心の修羅を消そうとは思わなかったろう。日本人に限らず、地球上ほとんどすべての人間には仇討ちを善とする心情がある。身は無法をこととする山口組に属しながら、兄を殺した者に復讐したいという武の思いを執行部は否定し、稲川会や会津小鉄会を巻き込んで政治的に一和会問題に決着をつけようとしていた。

武組長は八九年二月、山口組の若頭補佐の一人に名を連ねたが、それでもじりじりと後退へと追い込まれていった。

私は同じころ山口組の直参、後藤忠政に会って取材した。テーマは創価学会問題だったと思う。事のついでに彼に「竹中武ってどういう人と思います？」と聞いてみた。後藤はしばらく考えた後、

「武さんはヤクザとして五十年に一人、百年に一人出るか出ないかの傑物だけど、山口組もこう大きくなると、動かすのは政治だからね。彼を然るべき位置に据えられるかといえば、おそらく無理だろうね」

と言った。

後藤もまた暴力沙汰を辞さない経済ヤクザとして、とりわけ首都圏では名が通ったヤクザだった。その後藤が武組長を「五十年に一人、百年に一人出るか出ないか」とまで評価する――。私は彼の竹中武評を興味深く聞いた。

後藤組は静岡県富士宮市に本部事務所を置いていた。富士宮市は日蓮正宗の総本山

大石寺のお膝元であり、そのころ創価学会は日蓮正宗の信徒団体だったから、富士宮には縁が深く、後藤組とは利害でくっついたり、離れたりしていた。だから創価学会の取材で私は以前から後藤忠政を一度ならず取材していた。

石井進、美能幸三、司忍

「山本健一一代記」を取材・連載する過程で、「親分（山本健一）の兄弟分やから会っといたらええ」という渡辺芳則の勧めに押され、私は当時の稲川会会長・石井進（隆《たか》匡《まさ》）や呉の美能組・美能幸三（二〇一〇年没）、兄弟分ではないが、若頭補佐となる司忍（現、六代目山口組組長）などに会い、直接、取材した。ヤクザ専門の記者であっても、おいそれとは会えない相手ばかりだ。会えたのは渡辺のおかげといえばその通りだが、かといって、ヤクザファンでない私にとってはどうでもいい話だった。彼らの二言、三言をそれぞれ一代記の本文中で使わせてもらったが、必ずしも必要不可欠な取材とはいえない。だいたい大物親分たちからは目の覚めるような発言が聞かれなかった。

石井にはたしか世田谷区等々力辺りの妾宅（家のなかにお稲荷さんとか神様が三

基、横に並べて祀ってあった）で二時間半ばかり話を聞いたが、彼は山健よりむしろ渡辺について口が滑らかだった。「山口組五代目は渡辺以外にない」と断言した。聞きようによっては内政干渉とも取れる発言だった。石井は雑談中、司馬遷『史記』を読みたいと思っているが、なかなか本が見つからないで困っていると言い出した。あり得ない話である。「日本語訳は結構本屋で見ますよ」と私は言った。後で徳間書店の担当・長綱さんと話し合い、同社刊の分冊になった『史記』全巻を石井会長に送った。

私は映画『仁義なき戦い』のファンでもない。広島戦争乱戦の因を成したのは、あであもない、こうでもないと腰が定まらなかった美能幸三のせいだろうと漠然と思っていたから、彼について何一つ幻想を持っていなかった。彼とは二代目美能組・藪内威佐男組長（三代目共政会副会長）のお世話で呉市で会ったが、やはり美能の話は言い訳がましく、いい取材にはならなかった。いまだに広島戦争に執している。広島戦争の話は脇に置いて、山健の話をと促しても、彼はいつの間にか広島のぐちゃぐちゃの人間関係に話が落ちていくのだ。帰京後ほどなく「山健一代記」のなかで彼の話を使わせてもらったが、そのときも美能はちょっとした違いに拘《こだわ》り、私は手直しに追われた。粘着質というのか、話が一発で決まらない人だった。

同じ感想を広島出身の大物総会屋・小川薫（二〇〇九年没）にも感じたことがある。取材を終え、別れた後、小川は電話で追いかけてきた。

「あのときこう言ったけど、あれはこういう意味だからね。誤解のないように。どこそこの団体はうるさいから、書くときには十分気をつけて……」

念の入った応対というより心配性のおばさんという感じだった。これは広島県人の典型的なタイプなのかと思ったほどである。荒っぽい職業の割に珍しい。

司忍もやはり山健の話より渡辺の話のほうが得手のようだった。丁寧な応対で、常識をわきまえた部長さんという感じ。さすが傑出していると感じることはなかった。

取材した後、美能が東京に出てきた。私が書いた『荒らぶる獅子』に感動した、これからも協力したいといい、焼き肉と韓国クラブでご馳走になった。だが、石井、美能、司と、三人とも会ったのはそのとき限りで、私の人脈を広げることにはならなかった。

第五章 『五代目山口組』刊行と襲撃事件——緊張の日々

五代目山口組最高幹部の面々（撮影：眞弓準）

稲川会からのクレーム

八九年三月、山本広は神戸東灘署に一和会を解散し、自らは引退すると届け出た。四月、山口組では中西一男が組長候補から降り、渡辺芳則の五代目組長就任を正式決定した。五月には宅見勝の若頭就任が内定し、竹中武は執行部会を欠席した。六月、山口組の執行部は四代目竹中正久の位牌と仏壇を置く場所がなくなったとして、岡山の竹中組に運び込んだ。山口組の本家・本部では竹中正久の位牌に手を合わせないというのか。五代目執行部の不可解な差配である。

同じころ竹中組など、山口組直系の四団体が山口組から離脱し、独立の団体になった。七月には岡山の竹中組が山口組に初めてカチ込まれた。八月には姫路の竹中組系事務所までカチ込まれ、これで組員が動揺、多数の組員が竹中組から離れた。

親しかった竹中組員も平然と組を離れ、私は「こいつら、ボスに対する忠誠心がないな。カタギのサラリーマン以下だ」と感じた。実際の親がいるのに、男が男に惚れて、改めてその者に盃を乞い、渡世上の親子になる。それがヤクザのはずだが、彼らは竹中組にいては食えないという一事だけで恥じることなく脱退する。

九〇年三月には竹中正久の内妻、姫路の中山きよみ宅にも山口組系がカチ込んだ。これには兵庫県警の幹部もさすがに呆れ、「先代組長の妻といえば、山口組組員らにとっては、〝親〟同然。これに対して刃を向けるなど、これまでの暴力団社会の常識からは考えられない」と「神戸新聞」に語ったという。

五代目山口組がやっていることは人間じゃない。竹中組は仮にも四代目組長の出身団体である。武組長が山口組を離れたいというなら、そっと離してやればいいのにと私は思った。おそらく若頭の宅見勝が主導したのだろうが、山口組の動きはまるでギャングだった。義理も人情も筋もない。面白くない動きばかりが続いた。

八九年六月、「東京スポーツ」の桜井康雄編集局長から「連載を頼みたい」と電話があった。私は打合せに出かけ、銀座の和食屋で食事をしながら連載の話を聞いて、やることにした。連載の通しタイトルは「山口組五代　血と力」になった。桜井さんが言うには、稿料は四〇〇字詰め原稿用紙一枚で一万五〇〇〇円、一回当たり三枚の分量、一五〇回の連載という。異例なほど高い原稿料に驚いた。それまでこんなに高い稿料で、書いたことはなかった。ちょうどその年三月に引っ越したばかりだったから、連載が実現すれば経済的に助かる。

それまで山口組の動きはたっぷり見聞きしていたから、書くことには不足しなかった。渡辺の五代目就任でありきたりのおべんちゃらを言うのではなく、この際、世間がまだ知らない真実の動きを書いてやろう。私の最後っ屁だ。もう山口組について書くこともあるまい、が当時の私の思いだった。

桜井局長には初めて会ったが、彼からもらった名刺には東京スポーツに並んで中京スポーツ、大阪スポーツ、九州スポーツとあり、桜井局長が全部の編集局長と理解できた。であるなら、東京スポーツは実質的に全国紙と考えていい。影響力も大きいだろうと感じた。もちろん同紙がかつて右翼の巨頭だった故・児玉誉士夫の持ち物で、当時は児玉の側近だった太刀川恒夫が会長であることは知っていた。また桜井康雄が同社の生え抜きで、テレビ朝日の中継番組「ワールドプロレスリング」の解説者も兼ねていたこともおぼろに承知していた。

八月一日から連載をはじめたが、その三回目に思い掛けず、山口組からではなく、稲川会からクレームがついた。桜井局長から「連載はいい。他紙の評判にもなっている。まあ、うるさいことはいろいろあるけど」と電話があった夕方、ホテルニューオータニの一室で稲川会の森泉人総裁秘書、大山健太郎常任相談役と向き合うことになった。

部屋には太刀川恒夫と桜井康雄編集局長も詰めていた。森と大山の二人はいきなり

「溝口は稲川会を舐めてるのか。少なくとも山口組の渡辺と稲川の兄弟盃はないんだよ」と言い出した。

渡辺芳則の五代目襲名式で、稲川会の稲川聖城が後見人、石井進が取持人、稲川裕紘が奔走人と、式の重要ポストをことごとく稲川勢が占めたことで、四代目時代とは異なり、稲川の下風に立つ山口組が印象づけられた。一年後、稲川裕紘が石井進に代わって稲川会の会長に就くことは半ば既定の事実だったから、私は、渡辺と稲川裕紘、兄弟盃の噂が流れている、それも渡辺が五厘下がりの盃だという噂を紹介した。

このことについて、稲川会が文句をつけてきたわけだ。稲川の論理が通るなら、書き手は起こった事実だけを書けて、噂や観測、推測などは書けないことになる。なにも「これは事実だ」とウソをつくわけではなく、「噂だ」と断っているにもかかわらず、それもダメだということになる。

この席で桜井局長は一言も発しなかったが、太刀川は「溝口は今後、森さんに原稿のチェックを受ければいいんだ」などと、唾棄すべきことを口にした。およそ新聞社の会長にあるまじき発言である。稲川会に頭押さえされて、嫌な奴だなと私は感じたが、単に「これは訂正を出すとかお詫びを出すとか、そういう話じゃない。連載の次回で稲川会が盃の話を否定していると書きますよ。今後とも盃は絶対ない、と。その際はこの文言でいいかと森さんに相談します。それでいいでしょう」と私なりに解決策を示した。稲川会側はそれでいいと引き下がってくれた。私は、バカな話だ、本来騒ぎ立てる問題じゃないのに、と思った（その後九〇年、稲川裕紘は稲川会の三代目会長になり、九六年、渡辺芳則と五分の兄弟盃を交わした）。

問題化に動転した近松組長

連載は九月になるとさわりの現状編をひとまず終え、歴史編に入った。戦前の山口組や三代目組長・田岡一雄をざっと紹介する部分だから、だれも文句のつけようがないはずだ。私はひとまずほっとし、山口組側もほっとしたことだろうが、最初に書いたさわり部分について、山口組内部で騒ぎはじめた。

八月の記事中に、武組長を副組長の座を用意した上で呼び戻す計画があったと書いた。

つまり、こういうことだ。長野の直参、近松博好組長が渡辺組長に武組長の山口組連れ戻しを提案すると、渡辺組長が「わかっている。兄弟、なんとかしてくれ」と言った。それで近松と岸本才三総本部長を中心に武組長連れ戻し計画がスタートした。

連れ戻す際、近松組長が無役では説得力に欠けるから、ゆくゆく若頭補佐になってもらう資格で、となった。ところがこの計画は宅見などの巻き返し工作に遭って頓挫した。それで近松組長が岸本総本部長に若頭補佐を辞退する旨、申し入れた。と、岸本総本部長は目を潤ませ、「兄弟、俺をひとりぽっちにするんかい、俺も降りるわ」と言ったというのだ。

疑わしい話だろうが、私は近松組長から直にこの話を聞いた。それでだれから聞いたということは伏せて、あらあら事のいきさつを記したのだが、九月になって、岸本総本部長から近松組長に問い合わせの電話があったという。

近松組長はたぶん、「そんな話、私は知りませんで。溝口が勝手に書いたんでしょう」ぐらいでごまかしたのだろう。近松組長は心配そうな声を出し、こうしたことを私に伝えた。

私は「書き屋の生命線は取材源の秘匿だ。私はどんなことがあっても、だれに聞いて、この記事を書いたか吐かない。絶対近松さんの名は出さない。安心してもらって結構だ」と答えた。

このとき近松組長は「すいません」と心細い声を出した。少なくとも山口組の直参から「すいません」などという言葉を聞いたことがない。私は思わず「おい、おい、しっかりしてよ」と突っ込みたくなった。

彼はもう死んだから、私もこうした話を明かすのだが、ヤクザにしては素直すぎる気のいい人だった。近松組長はこのやり取りの最後、「渡辺五代目から溝口さんに電話があるかもしれない。場合によっては査問に呼び出されるかもしれない」とつけ加えた。なんで山口組の組員でもない私が山口組の査問会に呼び出されるのか。あり得る道理がない。だけど、呼び出されたら呼び出されたで、面白いかもしれないな、と私は思った。

その後、久しぶりに竹中武組長に電話した。武組長はこう言った。

「竹中組は壊滅状態や。恥ずかしい話や。だけど心配せんでええから。二年もすれば、また春もめぐってくるやろ。例の東スポ、執行部の連中は、ワシが溝口さんに頼んで書かせているように受け取って、ワシを難詰めしてくる。ワシはぜんぜん気にしてないけどな」

私は、岡山の竹中組でいいじゃないですか、解散も引退もせず、命脈さえ保っていれば、いずれなんとかなりますよ、と力づけた。この夏、（たぶんまだ逃走を続けていた）安東美樹から私のところに残暑見舞いが来た。彼には武組長を助ける気持ちがあるのだろうと私は感じていた。

連載の七五回目になって渡辺芳則組長が山健組時代、二度の破門歴があることを書いた。と、次の朝、桜井局長から自宅に電話があった。「山口組五代」は思う存分、長さにこだわらず書いてもらっていい、という電話だった。ちょうど約束の一五〇回の半分ほどに来ていた。記事がまた現状編に戻って、トラブル発生の危険性があった。桜井局長はそうしたことを見越した上、編集部は何が起きても気にしないよ、と言ってくれたのだろうと私は解して、うれしかった。

年が明けて九〇年一月末、桜井局長から銀座に呼び出され、フグをご馳走になった。彼は他紙が軒並み販売部数を減らすなかで東京スポーツだけは前年比一一四％と好調だ、連載は当初一五〇回と言ったが、二〇〇回以上になってもいい、この連載が終わったら、別の連載をお願いしたいと言い出した。私は大いに気を良くした。

「出版は中止してくれ」

三月になると「山口組五代」は三月いっぱい、二〇四回まで引き延ばし、すぐその後「竹中武伝」を一〇〇回ぐらいの連載でやってくれと桜井局長は言った。私は引き受け、これは武さんを口説き落とさなければならないなと思った。しかし四月になっても「五代」の連載は続き、結局五月六日まで都合二三三回の長期連載になった。

山口組の反応としては連載中、若頭の宅見勝から二度ほど自宅に電話があった。彼は山口組執行部を押さえきったと思っているのだろう、声は穏やかだった。

「いったい、どういうつもりで書いてるんだ」

「ちょっと私に考えがありましてね。近々直接お会いして説明しますから」

と、私は苦しまぎれに答えた。

宅見と実際に会うことになったら、どうせ渡辺は宅見若頭の傀儡《かいらい》だ、もっとわかりやすく宅見さんがトップになったほうがいいはずです、連載はまあ、そのお手伝いのつもりなんです、とか、いい加減を言ってごまかすつもりだった。だが、その後、宅見から電話がなく、私も宅見に電話しなかった。

宅見からの二度目の電話はこうだった。

「近々東京に出るから、あんたに会って連載の真意を聞こうじゃないか」と言うのだが、これもそれきりになった。彼は若頭だから忙しい体だった。

九〇年五月に連載を終えてホッとしていると、同月半ば、山口組直系組長の後藤忠政から電話があった。至急会いたいと言うので、私は気が重くなったが、一人で新宿ヒルトンホテルのラウンジに出掛けた。妻には「後藤との話し合いが終わったら電話する。夕方になっても電話がなかったら、警察に届けてくれ」と言い置いた。ラウンジは多くの客が利用している。多くの目があるからと思ったのだが、後藤組の若い衆二人が現れ、

「これから親分のいるところにご案内します」

と車に乗せられた。これはヤバいなと思ったのだが、行きがかりで「車には乗らない」などと言い出せるはずがない。

が、車を使うまでもない距離に後藤はいた。新宿警察署近くのマンション一三階に後藤組系の企業事務所があり、その奥の部屋で後藤は待っていた。私は重苦しい気持ちのまま、彼の前に座った。

後藤は言い出した。

「山口組の仲間があんたの連載を問題にしている。あんたとは知らない仲じゃないけど、山口組にははねっ返りもいる。あんたにケガをさせたくないし、俺ももう少しヤクザ人生を続けたい。今後山口組について書くに当たっては事前に俺に原稿を見せてくれないか」

私は連載の記事をもとに、すでに単行本『五代目山口組』の準備を進めていた。原稿はあらかた仕上がっている。本が出た後は山口組について書くつもりがなかったか

ら、こう答えた。なにより予定を隠して、後でもめたくなかった。

「お見せするのは構いません。しかし後藤さんにお見せするより前に、連載の一部を収録して、単行本を出しますよ」と正直に伝えた。

後藤は「それは困る。本のゲラを見せてくれ」と言った。

「お見せする時間があるかどうか」

私は一応答えて、考え込んだ。ゲラを見せれば、「これはダメだ、あれを直せ」と収拾がつかなくなる。ヘタをすれば本そのものが出せなくなる。そうであるなら、自分できつそうな表現を改め、変更前、変更後の文章を二〇本ぐらい用意する。それだけを見せて、後藤にはご勘弁願おうかとチラッと思った。後藤はどうせ山口組の執行部に報告するだろうから、「私が言って、これ、この通り改めさせました」と自分の功績にすればいい。私は虫のいいことを考えた。

「出版を中止するわけにはいかないのか」、後藤が言った。

「それはできません。輪転機がもう回ってますから」と、私はウソをついた。新聞ではないのだから、輪転機はないだろうが、この際、ウソだろうとなんだろうと、使える方便はなんでも使う。

「わかりました。お見せできるように努力します」

私は答えて、立ち上がった。

しかし、話が終わって表の通りに出たときにはぐったりした。とんでもない難問を抱えさせられた。とりあえず妻に電話し、後藤との話を終えたことを伝えた。

二日後、後藤は東海道新幹線の中から電話を掛けてきた。

「ゲラを見せる、見せないでなく、出版を中止してくれ。初版の印税は負担する」

と言うのだ。

この要求には頭に血が上った。

「あんたの中止要求を飲めばもの笑いのタネだ。こっちはライター生命がなくなるんだよ、この話はなしだ」

と言い返して電話を叩き切った。私の悪いクセで、カッとすると後先わからなくなる。

予定通り六月付で本を三一書房から出した。

もちろん三一書房の編集者には山口組とのいきさつを話した。すでに岸優君は三一を辞め、フリーの編集者になっていた。後任の増田政巳さんが担当だったから、彼には出版の前後、山口組が抗議に押し掛けてくるかもしれないと注意した。その場合には警察官に立ち会ってもらったらいい。相手に断った上、テープレコーダーを目の前で回すのもいい、と。ふつう、こんな物騒な注意は逆効果だろうが、さすがに三一は左がかった出版社である。山口組だからといって、とくにびくつくことも、身構えることもなかった。

本を出した以上、山口組が何か仕掛けてくるだろうと腹を括ったが、同時にそうなれば本が売れてしまう、山口組と渡辺の実態がより広く世間に知れ渡るのだと、私は保険を掛けたつもりでいた。恐怖と緊張でしばらく下痢が続いた。

好評のなかで海外に

『五代目山口組』の出版を止めろ、初版相当分の印税は補償するという後藤組組長・後藤忠政の電話で頭に血が上り、私は電話を叩き切った。話が決裂した以上、山口組が私に対して何かしてくるのは間違いない。肝が冷えるのを感じながら、山口組は何をやるか考えてみた。たぶんカチ込みだろうと思った。高田馬場の仕事場か立川の自宅、どちらかに拳銃を向けて銃弾をぶっ放し、窓ガラスを割る。あるいは外壁に穴を開ける。よほど運が悪ければ別だが、カチ込みなら家人や仕事仲間が怪我をすることはない。

山口組のどこが実行するかだが、私は最初から後藤組は動くまいと見ていた。それまで私とすったもんだした組がいきなり刃傷沙汰とはいくまい。あまりに露骨すぎる。

山口組には直系組が一〇〇前後ある。どの直系組であっても渡辺組長は動かせる。目立たない組を動員するはずだ。

私は気持ちのどこかで山口組の行動を舐めていた。私に直接、刃を向ける、あるいは銃弾を放つ「行き腰」はあるまい。まして家族を攻撃することは考慮の外だ。根拠もなくヤクザは女、子どもを傷めないと信じていた。

妻子にはヤクザは俺以外の人間に攻撃を加えない、だから心配するなと言い聞かせていた。ただ夜遅く帰るときはタクシーを使っていい、家の手前で降りず、家の前まで運んでもらえと言った。

私が採った対策はそれまで夜も開けっぱなしだった家の門扉を夜間は閉めること、木戸の錠を二重にしたこと、玄関のチェーンのたるみを狭めたことぐらいだった。

後藤の電話の後、私のところに山口組から正面切った連絡はなかった。ときどき無言電話、間違い電話、出るといきなりがなり立てる電話があるぐらい。三一書房の増田政巳さんに、山口組から何か言ってきたかとも聞いたが、何もないという。とすれば、山口組は事前に本の出版を止めるつもりはないらしい。

要は私が日本にいなければ、用心のため神経をピリピリさせる必要もない。この年（一九九〇年）、私は月刊「WEDGE」から「世界のビジネスマン」という連載を依頼されていた。すでに年初にはワシントンDC、ニューヨーク、ロサンゼルスを手掛け、次の回ではシンガポールを扱う予定だった。同誌の松本怜子編集長と話し合い、六月六日からシンガポールに行くことに決めた。同席していた顧問の佐々木征夫氏が現地の日本航空の幹部を紹介してくれる。単独取材だから、人選や通訳などの面で大いに助かる。

シンガポールでの取材を終え、六月九日に帰国した。

私の本『五代目山口組』は印刷、製本と順調に進んでいた。六月二〇日、見本刷りができた。初版一万部だが、小売書店からの引き合いが多かったらしく、発売前に五〇〇〇部の増刷が決まった。六月中に本が小売書店に並ぶ。山口組が本の内容を知るわけで、いっそう風が強まることは覚悟しなければならない。いままで以上に用心しなければと私は思った。

この年は私にしては珍しく海外取材が多かった。たまたま講談社「週刊現代」の加藤晴之さんの担当で「『年収の3倍で家を！』土地革命に決起せよ」という長期連載を、「溝口敦と本誌特別取材班」の名で頼まれていた。連載の一九回目からは三回、西ドイツの土地政策、都市計画を研究する目的で六月二八日から七月八日までフランクフルト、ベルリン、ミュンヘン、ボン、デュッセルドルフなどを取材することになった。

旅行は加藤晴之さん、ドイツ人と結婚して現地に住み、独―日の通訳をしている容子シュリューターマンさんの三人旅で、ドイツの土地制度や都市計画の理解に苦労したものの、まあまあ楽しかった。

海外に出ているかぎり、山口組がどう探索しようと、私の行方はつかめない。その間、襲撃を警戒していた捜査本部の担当も、自宅を警備してくれていた立川署の署員も息を抜ける。私は喜んでドイツ取材に出かけた。六月三〇日、ベルリンにいるとき日本を離れてからはじめて家に電話したが、妻は毎日間違い電話が多く、子どもたちが怯えていると言った。仕方がない。本を出した者の受忍すべき苦痛であり、逃れようがないと感じた。

七月八日に帰国した。本が出てから約一〇日経っている。翌日、三一書房の増田さんから三刷り、五〇〇〇部の増刷が決まったと連絡があった。合計二万部。本の評判はよく、知り合いからは、叙述が客観的だ、しっかりした内容の本だなど、おおむね好意的な読後感が伝えられた。

私はこれ以降、だいたい東京でいつも通り仕事をこなし、友だちづきあいを重ねた。あまり飲み歩かず、夜は早く帰宅するよう努力したが、それから外れる日もあったし、高田馬場の仕事場に泊まり込むこともあった。

ついに刺された

八月二日、本は五刷り、計三万部になったと連絡があった。

八月二九日の夕方、私は小学館「SAPIO」の編集者竹内明彦さん（「週刊ポスト」編集長、「SAPIO」編集長、江戸文化歴史検定協会理事長を歴任、二〇〇二年退職）と仕事の打合せを兼ねて食事することになっていた。六時四五分、竹内さんから電話があり、七時五分に高田馬場駅近くの焼き肉屋「森の家」で落ち合うことになった。

私の仕事場は高田馬場にある小さなマンションの三階である。部屋は戸塚警察署の前に出る二車線の道路に面している。六時五五分、私は仕事場の電灯を消して部屋をロックし、階下に下りた（外で見張っていた者はこの消灯で、私が外出すると知ったはずだ）。一階に郵便受けがある。配達されていた郵便物を取り出し、ショルダーバッグに収めようとした。

このとき人の気配に目を上げると、玄関前に白っぽい上下を着た男が立っていた。年のころは三〇代、スポーツ刈りで眉が濃く、目は大きい。むっつりした表情で玄関内に入ってきた。身長一六五センチほどか。小太りの男である。

私は男がどこかの部屋に行くのだろうと思い、道を譲る感じで体を横に開いた。男は私の脇に近づいた後、無言で右手を私の左脇背にぶつけてきた。私の左脇にはショルダーバッグが下がっている。それで相手の手は私の背のほうに回ったのだろう。

一瞬、熱いと感じたが、殴られた程度の痛みしかなかった。たぶん私はきょとんとした間抜け顔だったろう。刺されたとはまだ思っていない。男はどうだと言わんばかりの目の色をしたが、続けて刺そうとはしなかった。

私はゆらりと右足を一歩、男のほうに踏み出した。と、はじめて男の目にうろたえの色が走った。おそらく私がまるでダメージを受けていないかのように映り、反撃に出るとでも思ったのだろう。私は高校一、二年まで柔道をしていたから、男より体も大きく、骨格はいい。

男は玄関を飛び出すと、右手の上り階段を逃げた。この階段は早稲田通りに出る小道になる。反射的に私は男の後を追った。猛烈にダッシュしている男の足の動きが記憶にある。たぶんズック靴を履いていたと思う。もう少し間合いを詰めてタックルすれば、男を倒せるように感じた。

しかし、同時に頭の中でチラッと警報が鳴った。マンション玄関前は小さな児童公園になっている。そのあたりにこいつの仲間が潜んで、見届け役をやっているはずだ。追い詰めると、見届け役が飛び出し、私は二人を相手にしなければならなくなる。

怯えていたのか、「待て、この野郎」という言葉が出なかった。ひたすら私も無言、男も無言で走った。階段を上りきると、男は左の小路に曲がった。すぐ明治通りに出る道である。追い切れぬと思い、私はいったんマンション玄関に引き返した。右手を左脇背にやり、指を目の前にかざすと血がついていた。血は少量だった。一一九番すべきか、竹内さんと「森の家」で落ち合ってから救急車を呼んでもらうべきか迷った。編集者を長いこと待たせられない。結局、ついさっき相手を追った道をたどって、「森の家」に向かった。

背中に右手を当てて歩くうち、血の量が多くなるのに気づいた。早稲田通りに出ると、人通りが多くなる。たいてい高田馬場駅に向かう人である。私は後ろを振り向き、すぐ後ろを歩く三〇代ぐらいの女性に聞いた。

「私の背中から血が流れていますか」

「ええ、量が多いですよ」

私はこの調子だと「森の家」まで行き着けぬと思い、途中にある文房具店に入った。いつもチューブ・ファイルなどをまとめて買っている顔なじみの店である。

ご主人から電話を借りて、自宅にいた息子に、自分が何者かに刺されたこと、近くの店に竹内さんを待たせているから、「森の家」の電話番号を調べて「溝口は行けない」と伝えることを頼んだ。妻はたまたま近所の葬式に出ていて、留守だった。店の奥さんがタオルを出してくれたので、それで傷口を押さえて、その後、一一九番通報した。

すぐ救急車が飛んできた。だいたいの事情を聞かれた後、担架ではなく、自分の足で歩いて救急車の中に入った。と、戸塚署の警官が駆けつけ、同じようなことを聞いた。犯人の人相や服装などについてである。救急車の中にも乗り込まれ、聞かれ続けた気がする。

仕事場と同じ新宿区内にある東京女子医大病院に救急車が着いた。自分で歩けると言ったのだが、車椅子に座らせられた。このときも別の警官が待機していて、同じようなことを聞かれた。私はいらだち、「そのことは別の警官に話した。なぜ入れ替わり立ち替わり同じことを聞くんだ。前の警官に聞いたらどうだ」と突き放した。私は警察からすれば、可愛げのない被害者だった。

病院ではシャツとパンツをハサミで切られ、麻酔を打たれて傷を縫われた後、集中治療室に入れられた。傷口は幅五センチ、深さ一〇センチ。刃先が腎臓の上端をかすめていたが、運がいいことに内臓に損傷はなかった。ただ出血量が多く、全身に疲労感を覚えた。私は輸血を断り、食事で回復しようとした。

日の光に晒すのが一番

集中治療室には六日間入れられていた。

ベッドに寝ていると、時間が無限に遅く流れると感じた。気になったのは犯人が私を刺して目的達成と思ったのか、それともやり損じた、命を取れなかった、再挑戦だ、と考えているかだった。

私はたぶん前者だろうとは思ったが、実際に被害を受けた後のほうが山口組を不気味に、怖く感じた。しかし、山口組に怯えないことが被害者として、私の社会的責務だとも感じた。被害者であることは格好悪いが、だからといって声を上げないのは卑怯だろう。攻撃を受けた以上、騒ぎ立てるのが私の義務なのだ。

集中治療室ではタバコを吸えなかった。こっそり隣の給湯室に行き、ガスの点火口はないか、探したが、火の気はまるで見つからなかった。タバコは諦めた。刺されて腹が立ち、そういうことなら刺されたことを記念して、このまま禁煙してやろうと考えた（このとき禁煙を四ヵ月続けたが、崩れ、タバコ吸いに舞い戻った。だが、再挑戦していまは成功している）。

集中治療室は面会謝絶だが、私は入って三、四日目ごろから警視庁捜査四課の係官に事情を聞かれた。私には犯人は自明だった。山口組以外の者であるはずがない。

「山口組からの脅しの一部はテープにも録ってある。それを警察にも提供する。聞いてみればいい。山口組の犯行とわかるから」

私は妻にも言って、現実にテープを提供したが、警察はテープを聞き、それだけでは証拠が弱いと考えたようだ。私についてあらゆることを調べようとした。終《しま》いには警官たちは私が刺されたという事実さえ疑っているような気がした。私は頭に来て、面と向かって警官に質した。

「じゃ、私が自分で自分を刺したとでも思ってるんですか」

「いや、それはない。調べた結果、あの傷の位置は自分では刺せないとわかった。あんたが傷口を押さえて歩いたという道からも一滴だけだが、ルミノール反応が出た。しかし、七時前という時間帯にもかかわらず、不思議なことに、逃げていった犯人を目撃した人間が出て来ない。

とはいえ、あんたがだれかに刺されたのは間違いない。しかしあんたが恨みを買ったのは山口組だけじゃないかもしれない。我々はあらゆる可能性をつぶして歩かねばならない」

私は基本、疚《やま》しいところを持っていない。何を調べられてもいいが、なぜこれだけの状況証拠がありながら、警察が山口組という本丸を攻められないのかイライラした。縷《る》々《る》事情を説明した後、「もうこれ以上、お話しすることはないよ」と強く言ったことさえある。

六日目に集中治療室から個室に移された。と、それまで病院にストップをかけられていた見舞客が二〇人ぐらい来た。全部にお会いしたが、なかで三一書房の畠山滋社長が変な慰め方をした。

「著者が襲われるというのは珍しい。『風流夢譚』で中央公論社社長宅が右翼の襲撃を受けたといっても、著者の深沢七郎は結局、逃げ切ったし。そういう意味で今回の事件は日本の出版史に残りますよ。我々としてはせいぜい本を売って、溝口さんにたくさん印税をというのが務めです」

病室のドアの前には戸塚署の警官二人が寝ずの番で詰めてくれた。大変な努力を払ってくれたものだが、一つに、警視庁での記者発表のとき、知り合いの警視庁詰め記者何人かが「事件は暴力で言論を抑圧する大きな問題であり、警視庁はしっかり取り組むべきだ」と言ってくれたおかげらしい。退院後、知り合いの記者からそう耳にした。

だが、個室で寝たのは一日だけで、次の日には手術の糸も抜かぬまま退院になった。私は背中を刺されたが、脇腹が変に凹んだまま腹に痺れ感があった。

順調に回復していたことは間違いないのだろう。女子医大病院は、私の自宅近く、立川の病院を紹介して、そこに通院して治すよう指示した。女子医大病院とすれば、警官がウロウロするような患者を敬遠したかったのかもしれない。

立川の自宅には警視庁捜査四課の警部補と戸塚署の巡査部長が署の普通車で送ってくれた。これまで何人もの警官が入れ替わり立ち替わり私に同じような質問を浴びせたが、以後、この二人が私の事件担当になったようだ。私は藤本警部補とは馬が合い、イライラすることは少なくなった。

それにしても警察がなぜ山口組に迫れないのか、私には不思議だった。

退院した日、退院を知った数社の新聞社からインタビューの申し出があった。私はその全部を受けることにした。各紙とも事件直後に事件を報じてくれていたが、続報がほしい時期だった。私は山口組の姑息な刺傷事件に腹が立っていたし、警察はもちろん私自身も山口組と戦わないと、負けてしまうと焦燥感に駆られていた。

各紙の記者には立川の自宅で応対した。質問には率直にありのままに答えようとした。翌朝の新聞には、山口組の犯行だという私の談話が載った。なかでも朝日新聞の記者は新聞だけでは伝えたりないと判断したか、「週刊朝日」の編集者に私の話をつないでくれた。編集者は即、私に電話を掛け、手記を書いてくれと頼んできた。私は引き受け、同誌は次の号（九月二一日号）で「襲われたルポライター溝口敦独占手記山口組とのわが闘争」をトップで掲載してくれた。

だが、こうした私のやり方は警察には面白くなかったらしい。手記が掲載された後、担当の藤本警部補から苦情を言われた。

「犯人と被害者しか知り得ない『秘密の暴露』が捜査では大事なんです。あんたの事件では凶器となった刃物さえ発見されていない。事件前、仕事場の近くで不審な人物を見たという目撃証言も二人しかいないし、それも決定的なものではない。犯人を捕まえたとして、その自供の中に『秘密の暴露』があれば証拠にできるし、裁判で有罪に持ち込める。あんたがインタビューに応じ、手記を書いたのは自らその目をつぶすことになる」

申し訳ないことをしたと、私は一応謝っておいたが、事件後二週間もたって、犯人像はいっこうに浮かび上がってこない。藤本警部補は私の交友関係や仕事の関係、行きつけの飲食店、私の住まいの資金関係まで知りたがり、一つ一つ裏づけ調査に出かけた。私はたいていの質問には正直に答え、隠さなかったが、事件の捜査には何も進展がなかった。

他方、私の耳には警視庁上層部の意向ということで、知り合いの新聞記者や情報屋の石原俊介氏（「現代産業情報」発行人、二〇一三年没）の公安ルートなどから次のような情報が入っていた。

「溝口は共産党員だ。ましてマスコミ相手にペラペラ喋るようでは捜査なんかできっこない。まじめにやってられるか。あの事件はお宮入りだ」

「しんぶん赤旗」は私の購読紙の一つである。長いこと読んでいる。私は現在の政党のなかで一番まともなのは共産党と思っているし、それなりに敬意も払っている。しかし、私は共産党員になれるほど謹厳でも実直でもない。私生活においていい加減である。そういう人間を党員呼ばわりして、捜査の不首尾の言い訳にするなど、ろくな奴らじゃないと私は思った。

私はマスメディアの末端に列なる者として、普通の人より世間ずれしている。だから、こうした警察の「真意」を聞いても、警察の言いそうなことと受け取って、腹も立たなかった。しかし、そういうことなら、なおさら私自身が情報の発信人になる、騒ぎ立てなければ山口組の追撃を防げないとも感じた。

アメリカの最高裁判事ルイス・D・ブランダイスは「殺菌には日の光に晒すのが一番だ」と語ったそうだが、私もそう思う。「秘密の暴露」への障り云々とは言っても、犯人に迫れないならしょせん世迷い言だ。訳知り顔の業界ルールでしかない。おとなしく黙っていたら、山口組は「やはりあいつを傷めて正解だった」と思いかねないのだ。

下手人はどこのだれか

私が襲撃される一週間前、八月二二日に自宅前に不審な車が停まっていた。自宅は多摩ナンバーの地域であり、品川ナンバーはそう目にしない。車内に二人の男が乗り、カメラを構えて自宅を撮影している。妻が気づき、何をしているのだろうと道路に出た。よほど「何を撮影してるんですか」と声を掛けようとしたが、その勇気が出ず、単に車の周りをウロウロして、車のナンバーを控えたという。

隣家の主婦も車に気づき、道路に出て来て「『わ』ナンバーってレンタカーよね」と言ってくれた。妻はそれまで「わ」がレンタカーの印とは知らなかった。この言葉で妻の疑いは確信に変わった。

車に乗っているのは山口組関係者にちがいない。

車は女二人の挙動に危険を感じたのか、バックで動き出し、その場を去った。家の前の道は袋小路のため、前進では抜けられないからだ。同じ日の夕方、私の仕事場に大阪弁で「『昭和セイキ』やろ、社長さんおられます？」と、私の所在を確認するような電話もあった。

私はこうした事実を前から警察に話し、レンタカーのナンバーも教えていたが、警察には重視する様子がなかった。しかし退院後、何日かすると、私の身辺を洗えるだけ洗って、私に危害を及ぼす勢力は山口組しかないとわかったのだろう、ようやく捜査の方向はこのレンタカーに向かった。

以下はだいぶ日が経ってから「あんたには教えないことになってるんだが」と警察がもったいをつけて、私に告げたことである。

警察はレンタカー会社の帳簿から借り手を見つけた。名古屋の興信所の職員である。警察は興信所に出向き、きわめて「紳士的に」興信所の協力を得ることに成功した。興信所に私の行動調査を依頼したのは、少し前まで名古屋に住んでいた男で、いまは大阪市生野区の山口組直系大原組（大原宏延組長＝本名は尹光熙。後に山口組総本部長、二〇一七年没）の組員だった。

大原組は渡辺芳則が山口組五代目組長に就いた際、宅見組の舎弟頭から新規直系組に取り立てられた組である。

私はこれを聞いて、ほぼ襲撃事件の絵解きができた気がした。若頭の宅見勝は渡辺や執行部から「溝口を傷めなければならない。あんたが責任を持ってやるべきだ」と追い込まれた。というのは、溝口を最初に渡辺につないだのは宅見であること。宅見組の若い者が「うちの組長（宅見）が五代目山口組を仕切って、実質五代目みたいなものだ」と言ったことが私の本のなかに記されていること。宅見は私に電話をよこし、「宅見組のだれが言ったんだ」と質したが、私が「言えない」とつっぱねたこと。

この三つが理由となって宅見が溝口襲撃の責任者となったのだろう。具体的にだれを動かすべきか。自分の舎弟から直参に引き上げた大原には貸しがある。ここは大原が動くのが筋だ、と宅見は判断したはずだ。大原は自分の若い者を溝口襲撃に起用した――。

戸塚署に置かれた捜査本部の捜査員は大阪に飛び、生野区の大原組事務所を見渡せる位置に陣取って組事務所に出入りする男たちを片端から盗み撮りした。情報が漏れることを恐れて、大阪府警の協力は仰がなかったらしい。

私はこのころまた海外に出た。なまじ東京にいるより気楽でいい。しかし、飛行機は気圧の変化が大きく、くっついた傷口が開く危険がある、だから海外旅行は望ましくないと医者は止めたのだが、九月一二日、私は「ＷＥＤＧＥ」での連載「世界のビジネスマン」のため、アムステルダム、マドリード、ロンドンに出かけた。

重い荷物を上げ下げすることは危ない。傷口は毎日消毒を続けなければならない。そのため「ＷＥＤＧＥ」の松本編集長は私の取材旅行に社員の名倉信久さんをつけてくれた。名倉さんは旅行中、荷物の上げ下ろし役、傷の消毒役、取材立ち会い役などすべての面倒を見てくれた。しかも飛行機は行き帰りともすべてファーストクラスと優遇された。不作為とはいえ、編集部にはとんだ負担を掛けたものである。

同月二五日に帰国したが、その後、藤本警部補はアルバムを持参して私に見るように言った。二〇〇枚ほど男の顔写真が並べられていた。

「この中にあんたを刺した男がいるか」と言うのだ。私は男の顔をマンションの玄関口で一瞬見ただけだったが、それでもなんとなく覚えているつもりだった。それでアルバムをじっくり見ながら、「これかな、それともこの人間かな」と二人を指差した。「そうか」と警部補は複雑な顔をしただけで、何も言わなかった。

後で聞いたことだが、私の指差した顔写真は二人とも外れだった。警察はダミーとして、大原組の組員とは別の顔も紛れ込ませていた。私が指差したのは二枚ともダミーのほうだった。

これで私の事件は暗礁に乗り上げ、以後、なんの進展もなく時効を迎える。「喰うか喰われるか」でいえば、私は襲撃事件により山口組に喰われた。

第六章

もうひとつのFRIDAY襲撃事件——『民暴の帝王』でおちょくる

山健組に襲撃されたFRIDAY副編集長（提供：FRIDAY編集部）

死ぬも生きるもその者の運命

刺された後、担当の藤本警部補が警視庁の売店に売っているからと、特殊警棒を立替払いで買ってきてくれた。三段になって伸びる鉄製の警棒である。

私は私で西日暮里あたりの銃砲店に行き、防弾チョッキを買った。下に防刃チョッキをつけ、その上に防弾チョッキを重ねる。と、二重になって弾丸が当たっても肋骨を折る程度で内臓は損傷を受けないという。安くない買い物だったが、実際に着てみると体に重く、汗をかくほど暑い。電車に乗ってどこかに出かけるには、とうてい実用にならないと知った。

だから防弾チョッキなしで過ごすしかない。再び組員に襲われたら、せめて特殊警棒を振り下ろして、相手の額ぐらいは割ってやる。相手が逃げたところで、顔に証拠の傷が残って、捕まえやすいと、私は幼稚なことを考えていた。

堅気の人間と暴力団がやるかやられるかで向き合ったとき、堅気は圧倒的に不利だとも考えた。暴力団はピラミッド型組織で、下に何千人という若い衆がいる。トップはその階梯のなかのだれでも手駒として動かせる。稼働できる組員が多く、外からはだれを動かしたか、実行犯がわからなくなる。よって逮捕される危険も少ない。攻撃にはきわめて有利だ。

防禦《ぼうぎょ》にも恵まれている。自分が移動するときには若い衆に防弾ガラス入りの乗用車を運転させる。横には護衛の若い衆を座らせ、車の前後は警護車で固める。

新幹線を利用するときにも、自分と同じ車両に組員七〜八人を同乗させ、他の乗客を近寄せない。降車時には車両の出入り口に出迎えの組員を二列に並ばせ、当人はその間を通って下車する。ホームで待ち受けた攻撃側は隙を突くことができない。

暴力団トップの警護は大企業の社長や会長より、それどころか一国の首相や大統領より充実しているだろう。日ごろから警護に使える人員を多数、無給で身の回りに置いているから警戒は簡単である。

ひきくらべ堅気は経費面で、一人のガードマンを雇うことさえ難しい。暴力団の攻撃を受ければ、警察が、一人二人警官をつけて警護してくれるとはいっても、せいぜい家の前を固めてくれるだけだ。移動時には一人で動かなければならない。警官はガードマンではなく、よほどのことがないと、移動時にまで同行してくれない。また同行されればされたで、堅気は窮屈に感じよう。

暴力団と堅気ではどう転んでも、暴力団が攻守ともに兵力にまさっている。彼ら暴力団トップは男らしく死ぬことを理想としながら、実際にやっていることは守銭奴のような命惜しみである。だから、彼らと堅気が対立するには、生命や安全に対して一種の開き直りや諦念が必要になる、と私は思った。現実の劣勢をくつがえすため、考えのほうを変える。

たとえば、この世に絶対の安全などはない、とする。単に道を歩くだけでも、暴走車にはねられて死ぬかもしれない。人間や動物、広く生命には百パーセントの安全は望めない。人間が百パーセントの安全を望むなら、核シェルターにでも籠もって、自ら閉じ籠もるほかない。だが、それで物理的な危険は避けられても、その代わりに精神や健康の危機を招くかもしれない。人間は毎日を危険のなかで生きている。

自分が刺されてみると、多少とも運命論者にならざるをえない。死ぬも生きるも運命なのだ。そう考えないことには生きていけない。

事件後、いくぶんか刹那主義にもなった。明日知れぬ命なんだから何をやってもムダ、努力したって何にもならないという思いが続いた。さほど重症にはならなかったが、しばらくの間、将来の計画が立てられなかった。

朝倉喬司とのガキの喧嘩

刺されて三ヵ月後の九〇年一一月、たぶん私が無事だったことの祝いだったと思うが、旧早大新聞会の同期を中心に高田馬場で集まりがあった。場所は早稲田通りに面する「海かみ」という居酒屋だった。

新聞会は学生のサークルにすぎないが、私が入った当時は入会に筆記試験があった。

同会では早大新聞や受験生目当ての雑誌を出し、それで活動経費をまかなっていたから、取材に伴う交通費などは支給された。年に一回だったか二回だったか、合宿や会食もあったが、その費用も会から出された。

入ってから知ったことだが、昭和三〇年代後半、早大新聞会はマル学同（マルクス主義学生同盟）に支配されていた。マル学同は私が三年生になった一九六三年、革マル派と中核派に分裂し、新聞会でも両派に分裂、会内で対立が始まった。

私は入会試験でたぶん作文がよかったのだろう、入会歓迎宴で一年先輩の石井慎二（旧姓は鈴木、後に「別冊宝島」を創刊、名編集者として知られた。九八年、洋泉社社長、二〇一〇年食道がんで没）が近寄ってきて「一面に来ないか」と誘った。

一面は政治面である。マル学同の機関紙のような紙面で、私はまるで興味を持てなかった。

「行きません、四面の文化面には行きたいですが」

と断った。文化面で映画評や書評をやるほうが私の性に合っている。石井は分裂後、革マル派に属し、会内ではいっぱしの政治的リーダーだった。

新聞会の同期には、黒木純一郎（旧姓漆原、後に早稲田編集企画室を主宰、日活の女優だった松原智恵子と結婚）、山本博（朝日新聞記者、リクルート事件でスクープ、後に朝日学生新聞社社長、二〇一三年病没）や板垣雅夫（毎日新聞記者、東京本社制作局長、編集局長）、今村義治（不動産業）、また一期ぐらい後輩に朝倉喬司（本名は大島啓司、ノンフィクションライター、二〇一〇年没）などがいた。

ここに名を出したのは当日、集まりに顔を出した人だが、山本博に限っては伊勢神宮の取材が忙しくなったとかで、出席をドタキャンした。

私はこの席で朝倉喬司と喧嘩になった。朝倉が私の『五代目山口組』について、

「なんであんなことを書いたの」

「あんたは書かなくてもいいことを書いたんだよ」

など、無礼きわまることを言い出したのだ。思わずムッときたが、はじめは適当にいなしていた。

私はそれまでも、その後も、朝倉の著作を一冊も読んだことがない。彼が犯罪物やテキ屋、河内音頭などについて書いていることは知っていたが、私には読みたい気が起きなかった。新聞会時代もほとんどつき合いがなかった。彼は石井慎二などのいい子だったのだろうが、大学を中退した後、一九六六年、ベトナム反戦直接行動委員会(べ反委)の一員として東京・田無の日特金属工業や愛知県清須市の豊和工業を襲撃するなど、無政府主義的な行動に突っ込んでいった。その後、週刊誌の記者などをやり、物書きになったようだ。

私や黒木、板垣などは非政治的人間としてノンポリで通した。山本博はそのころ構造改革派で、やはり石井慎二などには冷たくされた口だろう。私は学生時代、一度だけだが、山本博に構造改革派に来ないかと誘われたことがある。今村は中核派で、機動隊に頭を殴られたのが原因したのか、言葉が少しおかしくなった。

彼らは新聞会の活動をあまりしなかった。私は会活動として「早稲田を目指す友へ」と題する雑誌の編集長を一期だけやり、ドイツ語の単位を落とした。

朝倉が「あんたの本はみんな読んでいる」と言うので、私はハッキリ言った。

「あんたの作品は一冊も読んだことがない。読む気がしないのだ」

と。これで朝倉が狂いだし、

「お前が刺されるのは当たり前だ」

「ヤクザについては俺のほうが取材している」

などと口走った。

仕舞いには互いに「このダボがっ！」「バカが！」と罵り合い、朝倉はスリッパのように後ろを踏み潰した靴を脱いで、私の頭を殴った。私はお返しに拳固で彼の頭に一発見舞ってやった。

彼は痩せていて、目はショボショボしていた。頭髪はほとんど亀頭のようにはげ上がり、本来が喧嘩するような相手ではない。軟弱なのだ。

「海かみ」で石井慎二と板垣雅夫は帰った。残った者、黒木、今村、朝倉、私の四人は近くのバー「アルル」に行った。黒木はほとんど飲まなかったのか、ベンツで来ていた。

黒木の案内で次に中野の飲み屋に行った。私と朝倉は間欠的に悪罵を投げ合っていた。朝倉は「殺してやる」と焼酎のボトルを振りかぶって私に迫ってきた。私は「危ない、やめろ」と頭を手で覆って、部屋のなかを逃げ惑うことになった。

次に黒木の家に行くことになった。私はそれまで黒木の家に行ったことがない。黒木が往時は吉永小百合と並んだ女優、松原智恵子と住む家である。ぜひ見たいと思って、私たちは黒木の車を停めてある場所まで歩いた。歩きながら朝倉は私を「敵だ、ともに天をいただかない仇だ」と言いはじめた。私は朝倉に近寄り、「いつから仇同士になるんだ、いまからか」と聞いた。朝倉は「そうだ、いまからだ」と言うので、私はいきなり彼の襟元を右手でつかみ、右足を彼の前に滑り込ませて体落としをかけた。朝倉の体は私の右側で一回転し、地上に仰向けに投げ出された。

何十年ぶりかで柔道の技を使ったのだが、自分でも不思議なほど、技はきれいに決まった。ちょうど舗道が横の小路に入るところで、途切れていた。朝倉の両足はちょうど左折して小路に入ろうとしていた乗用車のボンネットに当たって跳ね、地面に落ちた。技を掛けるのが一瞬早かったら、朝倉の足は車に轢《ひ》かれていたかもしれない。運転していた若い男が車から飛び出てきて「この野郎、危ないじゃないか」と私に怒鳴った。朝倉は地面に仰向けに倒れたまま、「さあ殺せ、さあ殺せ」とわめいていた。

誰だって上から人の足が落ちてきたらびっくりする。黒木がさかんに言い訳を言ってくれたが、私は「申し訳ない」と素直に謝り、無罪放免された。

朝倉の胸元をつかんだまま投げたから、朝倉は頭を打っていない。だが、体が一回転して投げ出されたのだから、ダメージはさほどないものの、朝倉は仰天し、それまでの毒気も抜けたにちがいない。

私はその場で「俺は帰るわ」と言い置いて、タクシーを拾って帰宅した。朝倉は黒木の家に泊まり、深夜一人ポロンポロンとピアノを弾いていたと、後で黒木が電話で教えてくれた。私には弱い者いじめをしたような後味の悪さが残ったが、その後も朝倉とは没交渉のままだった。二〇年後、朝倉は孤独死のようにして死に、私は新聞記事でその死を知ることになった。

野村秋介からの提案

暴力団対策法（暴力団員による不当な行為の防止等に関する法律）は一九九一年五月に成立し、翌九二年三月から施行されるが、成立前の九一年四月、右翼の野村秋介《しゅうすけ》から私の仕事場に電話があった。光文社発行の「宝石」で暴対法について対談しようというのだ。

私は野村の電話を受けるまでもなく、彼の意向は承知していた。というのは、最初は同誌の編集部員、次に編集長から「野村と対談してほしい」と電話があったからだ。その都度、私は「対談を受ける気はない」と断っていた。どういう意図があるのか、野村は相当しつこい。あらためて野村本人から電話があったところで、私のほうは「忙しい」と断る一手しかなかった。

野村とは会釈し合うぐらいの関係だった。この数年前、私が山口組直系の後藤忠政組長に取材を申し込んだところ、後藤から電話があった。

「今、六本木のクラブ『S』にいる。来てくれるなら取材に答える」

で、私はクラブ「S」に出かけたが、後藤の周りには相伴《しょうばん》に与《あずか》る者一〇名前後が詰めていて、そのなかの一人が野村だった。そのとき私は野村は後藤とよほど親密なのか、と思った。

野村は一〇冊ほど著作を出しているようだが、私は一冊たりとも手に取ったことがない。野村は明らかに中年の好男子だが、憂い顔の好男子が全身を撮らせている写真を見る趣味は、私にはない。彼のナルシズムは生理的に嫌だった。私の偏見だろうが、右翼とつき合うぐらいなら、まだ暴力団やヤクザのほうがいい。

このとき対談を断る私に、野村は言った。

「私とつき合っていたほうが、なにかとトクだよ」

「お互い長生きできそうな立場でもないし、絶対、俺とつき合っていたほうがいい」

「あんたもこれから用心したほうがいいな」

なんのことはない。体のいい脅しだった。この野郎、と私は思ったが、余計なことは言わず、対談は受けないの一点張りで通した。野村と対談して何が生まれるのか。何も生まれない、ムダだと私は考えていた。

野村は稲川組（稲川会の前身）の幹部、通称「モロッコの辰」こと出口辰夫の舎弟になり、その後、右翼に転じた。六三年河野一郎邸焼き討ち事件や七七年経団連襲撃事件で服役、九三年一〇月には朝日新聞社を訪れて中江利忠社長と話し合った後、拳銃で自殺した。私と電話ですったもんだやった時点から二年半後の自殺だった。

エンタメ小説でささやかな腹いせ

私は山口組のトップ渡辺芳則組長と執行部のありようを正面切って批判したのだから、当然、山口組のなかで私の取材を受けてくれる者はいないはずだった。もとよりそうしたことは承知の上で『五代目山口組』を刊行した。同書は約一〇万部売れたが、以後、山口組というマーケットは私の仕事から消えた。幸い私には他に興味を持てる分野がいくつかあった。従来も他分野の仕事を手掛けてきたし、仕事の受注に不自由することはなく、収入もさほど落ちなかった。

しかし、山口組の事情には通じていたから、ときおりニュースになって伝わる山口組の動きに触れて、いまどうなっているのか、どう組の運営が行われているのか、手に取るようにわかる気がした。山口組を離脱した岡山竹中組の竹中武組長もときどきは電話をくれ、山口組の中枢部にどういう動きがあるか教えてくれた。

そのようなとき願ってもない話が私に舞い込んだ。九一年五月のことだ。光文社「カッパ・ノベルス」の佐藤隆三編集長が「ヤクザ小説を書いてくれ、モデルは山口組でもいい。もちろんエンタメ小説だ」と言ってきたのだ。小説なら改めて取材することもない。ありがたい。私はこの話を喜んで受けた。

初回の打合せで佐藤編集長は次のような注文をつけた。

①俺はあんたの手書きの原稿など読みたくない。原稿はワープロ書きで仕上げよ（私はこのころ富士通のワープロ専用機オアシスを使い始め、親指シフトで原稿を書き始めていたから、お安いご用だった）。

②カッパ・ノベルスでは女性読者を捨てた。だから女性読者のことは考えなくていい。ひたすら男性読者へのサービスを考え、一冊のうちにからみの場面を数カット

書き込んでくれ。

私はエンタメ小説をはじめて書く。右も左もわからないから、佐藤さんの言うがまま、ヘイ、ヘイと快く引き受けた。からみの場面とはセックス場面だろう。自分に書けるかなと思いながらも、他方、書くのが楽しみという気持ちにもなった。

自然と頭が働いた。小説は山口組の宅見勝若頭、渡辺芳則組長を隠しモデルにする。対抗役として稲川会・石井進会長にも登場願う。作中でコケにされるのは宅見、渡辺であり、石井進会長にはなんの恩義もないが、ことの勢いでいい役を振ることにする。

こういう悪だくみを私は考えた。左脇背を刺されたのだ。せめてものことに、彼らをおちょくるぐらいは許されよう。

〆切りは九二年二月となったが、なにしろ頭の中ででっち上げる話だから、ワープロに向かっても自分ながら頼りなく、本気になって書きはじめたのは九一年一二月ころからだった。書くのは苦しいが、書きはじめればノンフィクションより原稿の進み具合は早い。たしか九二年二月ごろ佐藤さんに一度原稿を提出し、「はじめてにしては手際がいい。しかしまだ男へのサービスが足りない。からみを後二ヵ所加えて」と命じられた。修業時代と心得ていたから乱暴な命令も全然苦でなく、ホイホイ注文に応えた。

この年三月にゲラ刷りにかなり手を入れ、四月にこのエンタメ小説は『民暴の帝王』というタイトルで光文社から出された。本にするまでの管理進行がすごく早いのに驚いた。

『民暴の帝王』は幸い好評で、すぐ増刷が決まった。また徳間書店の長綱和幸さんから、東映のプロデューサー俊藤浩滋《しゅんどうこうじ》氏（藤映像コーポレーション代表、女優藤〈現・富司〉純子の父親）が本気で映画にしたいと言っているという話が伝えられた。

山健組が振った特殊警棒

最初のエンタメ本としては幸先がいいが、その一方、またまたとんでもない災難が襲ってきた。

同年七月、講談社の写真週刊誌「FRIDAY」の元木昌彦編集長から「この三月から暴力団対策法が施行された。これを受けていま、山口組はどうなっているのか。記事にしてくれないか」と頼まれた。私は引き受け、自分の署名入りで「追いつめられた〝最強軍団〟山口組の『壊滅前夜』」をFRIDAY七月三一日号に書いた。

私にはまだ山口組や山健組に情報パイプがあった。彼らからの内部情報に基づくレポートだった。

同じ山口組でも当代の渡辺芳則を出した山健組の横暴が目立つように変わっていた。たとえば他の直系組の組員を強引に引っ張り、イチャモンをつけた上、逆に他の直系組から落とし前を取る。

また渡辺芳則組長の妻が新神戸駅近くでブティックを営み、渡辺組長にお上手をしたい直参（直系組長）がそこでいちどきに四〇〇万円もの買い物をするなど、弱肉強食と、山健組に非ずんば山口組に非ず現象が始まっていた。私はそうしたことを皮肉な調子でレポートした。

同号は七月一七日に発売されたが、このとき警視庁の動きは素早かった。発売された当日、警視庁から情報が伝えられた。

〈関西から山口組のヒットマン五人が上京、都内の某ホテルに宿泊し、溝口を狙っている〉

というのだ。

おそらく本庁からの指示だと思うが、私の地元の立川署は早速自宅に二十四時間張り付け警備体制を敷いてくれた。

他方、取材でつき合いがあった山口組直系組の幹部からは悲鳴のような電話が二、三回掛かってきた。

「組では私が溝口と交際があることは知られている。で、今回の情報を流したのは私じゃないかと疑われている。どうか私を助けると思って取材源を明かしてくれ」と言うのだ。

私がこのとき頼っていたのは、ほとんどが彼より上のクラスの幹部たちだった。悲鳴を上げた幹部は私がFRIDAYで明かした事実をまるで知らなかったにちがいない。当然のことだが、そうしたことを指摘して、取材源は明かさなかった。

かと思うと、FRIDAY編集部員の一人から電話があった。

「京都の会津小鉄会幹部(たぶん会津小鉄会の小頭・三神忠=荒虎千本組組長)からうちの記者に電話がありました。

『山口組の某最高幹部(たぶん宅見勝若頭)がFRIDAYの記事内容を問題にしている。このままでは山口組は筆者の溝口にヒットマンを差し向けるだろう。ついては俺が間に立って某幹部と会わせる。話し合ってみないか』

と言ってきたのですが、どうします?」

と言うのだ。

私は「山口組の某最高幹部とは宅見若頭のことと思う。私としてはすでに面識があるから、会津小鉄の三神忠さんに間に入ってもらう必要はない。もとより記事を書いた私が悪うございました、と謝るつもりもない。せっかくだけど、仲介はお断りする」と伝えた。

電話があった二、三日後の深夜、京都ナンバーの車が立川の自宅に乗りつけてきた。二人乗っている。張り番の立川署署員が見咎《みとが》め、ボディチェックしたが、身体からも車内からも拳銃は発見されなかった。たぶん会津小鉄会の三神忠は私に仲立ちを断られ、このままでは山口組に顔向けできないと、わざわざ京都から立川に押し掛けたのだろう。

三神忠は組こそ違え、宅見勝の使者役をよくやっていた。竹下登のほめ殺し事件は香川県高松市の右翼「日本皇民党」の総裁稲本虎翁の指揮下に行われたが、おそらく金丸信に稲本抑えを頼まれた稲川会会長・石井進が宅見勝経由で三神忠を知り、三神が稲本に石井の意志を伝えたと推察される。稲本と三神は二〇年来の知り合いだった。三神は立川に押し掛けた二年後、たしか自分の親分の墓前で自殺している。

私の自宅周辺では車内で地図を見ながらタクシーを乗りつけた組員風の男二人を目

撃するなど、物騒な空気が徐々に醸成されてきた。

発売からほぼ一ヵ月後の八月一四日午前一〇時過ぎ、FRIDAYの発行元である講談社（文京区音羽）に男二人が乗り込んできた。

二人は編集部に侵入し、居合わせたO副編集長の頭を特殊警棒で殴った。机の上の書類を床に投げ捨てたりして四、五分で逃走したが、特殊警棒は人を叩くなど力を加えれば曲がり、元どおり柄の部分に警棒部分が収まらなくなる。伸ばして曲がった特殊警棒は目立ち、持って歩けない。二人は慌てて特殊警棒を捨てたが、警棒には指紋が残されていた。

事件後、私のところには警視庁捜査四課の係員や講談社のすぐ隣に建つ大塚警察署の四課員が事情聴取に来た。幸いO副編集長の負傷は全治一週間ぐらいで済んだが、私としては傍杖《そばづえ》を食わせたようなもので、謝るしかない。全国紙やスポーツ紙などの取材には、私が書いた記事が事件の原因であり、襲ったのは山口組の組員だと断言した。

大塚署に置かれた捜査本部は一週間後、特殊警棒に残った指紋から、山口組系山健組の組員を割り出し、指名手配した。山口組側はこうなっては逃れられないと覚悟を決めたのだろう、破門状を持たせた（元）組員二人を大塚署に出頭させてきたが、彼らは警察・検察の調べでも上部の指示を自供しないまま服役していった。

事件後、私はO副編集長に見舞いを届けるべくFRIDAY編集部を訪ね、申し訳ないと編集長や担当編集者に頭を下げた。

たぶん実行犯二人は私の自宅が立川署の警官により警備されていたため、手を出せず、代わりに講談社の編集部を襲ったと見られる。しかし、前記したように講談社は大塚署と、ホントに隣り合わせなのだ。そういう社屋になぜ山健組の二人が突っ込んでいったか、神経を疑わずにはいられない。蛮勇があったのか、単に隣の大塚署に気づかなかっただけなのか。どちらにしろ犯人たちの目標は私で、私が運よく逃げていたため、その身代わりでO副編集長の頭が割られたと見られる。

講談社はこの事件の発生で、警備会社を頼み、訪問者に名札を着用させてからでないと、社内に立ち入らせなくなった。私は警備の厳格化という出費増を講談社に強いたわけだが、出入り禁止、執筆掲載拒否といった事態は招かずに済んだ。大会社の器量だとして感謝している。

第七章　同病相憐れんだ伊丹十三——チャイナ・マフィアの根城に乗り込む

92年５月30日、痛々しい姿で会見に臨む
伊丹十三、宮本信子夫妻（提供：共同通信社）

『民暴の帝王』映画化と宅見若頭の干渉

一九九二年八月、たしか新橋あたりのホテルで東映のプロデューサー俊藤浩滋氏に会った。私がその年出したばかりのエンタメ小説『民暴の帝王』を映画化したいというのだ。

俊藤氏は初対面の挨拶もそこそこに切り出した。

「東映は映画の原作料は安いんですけどね、その後、ビデオにしたときの支払いが大きい。だいたい一作品七〇〇万円にはなります」

当時はレンタルビデオの時代だった。ビデオテープ一本が一万数千円もした。個人はほとんど買わない。貸しビデオ屋が買い、お客に貸し出して商売にする。東映のヤクザ映画は完成後、即ビデオ化され、レンタルビデオ屋に流す。ヤクザ映画は売れ筋だから、ビデオもそこそこ売れたのだろう。だから原作者にも高額が払えるわけだ。

「それはいいですね。私としては映画にしてもらって何の問題もありません。やってください」

私はそう答えたが、内心、

「ホントに映画になるんかいな」

と疑わしく感じていた。ちょっとヤクザの世界に通じた人が『民暴の帝王』を読めば、五代目山口組若頭・宅見勝をおちょくっていると読み取れる。稲川会会長・石井進はいい役としてだが、彼を想定したような人物まで登場する。いっぺんに実在の二団体らしきものが登場するようでは何かと面倒くさい。俊藤氏は事前にそうした人物たちに会い、映画にしていいか折衝するのだろうが、その時点で組関係からダメが出されるのではないか。

しかし、俊藤氏は言い切った。

「山口組の宅見さんと稲川会の石井さんには、私のほうで話を通します」

ということは、私の小説からモデル的な人物を正確に読み取っていると推察できる。その上で両人に自ら映画化を了解してくれるよう掛け合うというのだ。

さすがと思った。俊藤氏は数々のヤクザ映画をつくり、全国のヤクザにパイプを通じて親しく交際しているのだろう。全方位外交のはずだ。私なら自作の小説を映画にしようとは思わないし、ましてモデルと覚しきヤクザを相手に映画化の許諾を得るなどは御免こうむりたい。

私は思った。映画にしたいというなら、やってもらおうではないか。お手並み拝見である。

私は言った。

「小説と映画は別物と考えてます。どのように私の小説を料理しようと構いません。シナリオを見せろとか、俳優はだれとか、撮影現場を見たいとか、うるさいことは言いません。どうぞご自由にやってください」

「それは助かります。まだ日程は押さえていないけど、主役は小林旭にやってもらおうと思ってるんですよ」

まあビッグネームだろうが、私には小林旭になんの思い入れもなかった。俊藤氏の思い通りに俳優を選び、役を割り振ればいいだけの話である。

映画化が成るか、成否は五分五分だろうなと思いながら、俊藤氏と、お付きの東映企画制作部・今川行雄氏と別れた。契約書は後から今川氏が送ると言っていた。

『民暴の帝王』が出た後、カッパ・ノベルスの佐藤隆三編集長は次のエンタメ小説を書くよう私に指示した。前作はわりと評判がよかったから、エンタメ路線を定着させようという考えだったろう。

私とすれば、自分でも一通りのエンタメ小説を書けることを証明できただけで満足だった。専門的にエンタメ小説をやろうとは考えず、やはり私の本籍はノンフィクションだと思っていた。書いているときの手応えが違う。だが、それにしても刊行することで映画化の話が舞い込むなど、エンタメ小説は幸先がよかった。

私はあれこれ考え、いままでの取材で知った事実をちりばめ、『武闘の帝王』を書きはじめた。これはモデル問題が生じるほど現実の出来事に依存しておらず、頭の中で組み立てたストーリーで行ったが、前作で慣れたのか、書きやすかった。九月には脱稿し、編集部に原稿を渡した。

俊藤氏に会って二、三ヵ月後、彼から電話があり、相談したいことがあるのでまた東京に出て来ると言った。前回、使ったホテルで会ったが、俊藤氏は言った。

「稲川会の石井進さんについては、石井夫人がちょっと映画化に難色を示しましたけど、幹部の方が応援してくれて、まあOKが取れそうです。問題は山口組の宅見勝さんです。原作者に溝口さんの名があるのが気に入らない、と。苦しまぎれに私が『それでは溝口さんの名を外して、〈原作・民暴の帝王　光文社刊〉とするのはどうですか』と言ったら、それなら認めてもいいと言います。もちろん、名前を外しても溝口さんが原作者であることに変わりはありません。通常同様、原作料を払います」

宅見勝若頭が『民暴の帝王』にイチャモンをつけることはある程度予測できた。しかし〈原作・民暴の帝王　光文社刊〉とあるなら、私が書いた『民暴の帝王』が原作であることはわかるわけだし、私はこの条件でいいと思った。名前が明記されなくともいい。正直、俺が原作者だと胸を張れるような作品ではないと思っていたし、そういう作品で東映からおカネを払ってもらえるなら、それで十分だ。

表現の自由などを厳密に考える人なら、私の対応を非難するかもしれない。ヤクザに言われて、原作者としての名前を映画から外されるのだ。暴力団による表現の自由への干渉、表現の抑圧ではないか、と。

たしかにそういう理屈は成り立つと思う。だが、私にしろ原作で宅見若頭をおちょくっているのだ。宅見若頭がその対抗手段として「映画の中に溝口の名があるのは気に食わない、外せ」となるのも理解できる。元をただせば、宅見若頭の息のかかった大原組の組員が私を刺したのだから、私が『民暴の帝王』で宅見若頭を揶揄するぐらい理解してほしいとは思う。だが、それはそれであり、別個に考えたほうがいいように考えた。表現の自由の分野で彼らが執れる対抗措置は限られている。

私には『民暴の帝王』の映画化に関して、愛着がなかったことも事実だったろう。佐藤さんの「もっとからみを入れろ」といった注文にへいへい応えてでっち上げた作品だから、さほど思い入れもない。「小説と映画は別物、どう料理しようと映画側の勝手」と私が認めたこと自体が作品に愛情を持ってないことの表明だったかもしれない。

東映の映画『民暴の帝王』は曲がりなりにも完成し、翌九三年六月に公開された。監督が和泉聖治、主演は小林旭。他に丹波哲郎、川地民夫、高松英郎、長門裕之、菅原文太、渡瀬恒彦などが出演した。堂々たる顔ぶれである。

東映からは招待券が十数枚、私のところに送られてきた。私はそれを知人、友人たちに配り、自分でも見に行ったが、この映画が何を言いたいのか、ストーリーがどうなっているのか、原作者の私自身がさっぱりわからなかった。

おそらく宅見若頭からの圧力が俊藤プロデューサーに伝わり、それが和泉監督に伝わって、肝心の和泉監督は自分がどういう映画をつくろうとしているのか、頭が真っ白になったのではないかと感じた。

いま、ウィキペディアで『民暴の帝王』の項を見ると、「キネマ旬報」九四年二月下旬号を引いて、〈他のヤクザ映画『極東黒社会』・『修羅場の人間学』と同様に興行は失敗し、東映はヤクザ映画の製作を根本的に見直すことになった〉と記されている。

私にはこの記述がストンと胸に落ちた。たしかに失敗作だったろう。

私の姉の古川芳子（二〇一八年没）は横浜に住み、映画サークルに所属していた

が、著名な映画評論家、山田和夫（二〇一二年没）がサークルの面倒を見ていた。そのころ姉から電話があり、

「山田和夫先生が映画『民暴の帝王』には原作者の名がない。なんでなのか、不思議がっていた」

と言ってきた。私は一応姉にいきさつを説明したが、

「よく細かいところに気づいたものだ。さすがに山田和夫だ」

と感心した。

原作者の名を外すことに同意することは、私が思っていたほど簡単なことでも、普通のことでもなかったのかもしれない。

他方、私のエンタメ小説二作目の『武闘の帝王』は同じ九二年の一〇月に光文社カッパ・ノベルスから刊行された。これも一作目と同様に発売早々から好評で、ツインズという制作プロダクションから映画化したいという申し出が光文社にあった。

最初から映画ではなく、レンタルビデオで売ることを目的とするビデオをVシネマといったが、ツインズは一、二の映画館で上映（これを単館上映といったようだ）した後、レンタルビデオを売り出す。このことによりVシネマの名を免れ、映画ビデオと名乗れるらしい。翌年以降わかることだが、ツインズはこの方式で『武闘の帝王』

三部作を作ってくれた。

また『武闘の帝王』は芳文社から漫画化の話もあり、私は承諾した。絵が緒方恭二、シナリオが笠井和弘、原作・溝口ということで、全六巻の漫画本になった。

私がこれら映画化や漫画化で経済的に助けられたことは言うまでもない。

伊丹十三襲撃事件

ところで話は変わるが、伊丹十三監督の『ミンボーの女』は九二年五月に封切られた。ストーリーは東京の名門ホテルを舞台に、その社員と、伊丹夫人である女優・宮本信子演じる女性弁護士が警察や裁判所の協力を得ながら、波状攻撃を加える暴力団を撃退するという話である。

ストーリー展開は軽快で、「ヤッタ！　ついにヤクザを撃退したぞ！」というキャッチに集約されている。暴力団への対処法のポイントは、

「暴力団が暴力を振るえば警察ザタになり、カネを取るという目的を達せられない。だから暴力団は暴力を振るいそうでいて実際には振るわない。暴力団を恐れる必要はない」

といった意味の女性弁護士のセリフにある。

映画では最後に女性弁護士が暴力団に刺されて、このセリフに例外や限界があることを示すのだが、現実には伊丹監督自身が切られてしまった。

公開から一週間ほど後の五月二二日、夜八時四〇分ごろ、伊丹監督は外出先から一人で車を運転して世田谷区赤堤の自宅に帰った。周りは昼間でも人通りの少ない閑静な住宅街である。

伊丹監督は車を駐車場に入れ、後部座席から荷物を取り出そうとしたところ、背後から三人組の男たちに襲われ、カッターナイフ状の刃物で首や左頬、手首など五ヵ所を長さ五～一〇センチにわたって切られた。左耳の横、頭髪から首にかけての傷は頸動脈をかすめて深さ四センチに達していたという。左頬の傷も顔面神経を束ねている部分を辛うじて外れただけだった。

私の場合、刺されたのは一瞬、一太刀だった。刺されること自体に伴う恐怖は感じるヒマがなかった。だが、伊丹監督の場合、三人の男に車に押し付けられた上、顔をぎりぎりと五回もカッターで削られた。傷の深さは私のより浅かったとはいえ、そのときの恐怖は並大抵のものでなかったにちがいない。まして彼は顔が商売道具の俳優でもあったのだ。後に長く残るストレスになったものと思う。

事件から七ヵ月後の一二月三日、実行犯として山口組系後藤組の五人の組員が警視庁・北沢署に逮捕された。一応、事件はこれで解決したのであり、この点が私の場合とは異なる。

この伊丹事件は社会の関心を広く集めた。事件の折り目ごとに事細かに報道されたのだ。

事件が、表現の問題に端を発していること、刃物で被害を受けたこと、後藤組が関わっている点など、私の刺傷事件と共通性があり、事件発生直後から私は強く関心を持った。他人ごととは思えなかったのだ。

後藤組の犯人が逮捕された後、私は月刊「文藝春秋」から事件についてのレポートを依頼され、快復過程にあった伊丹監督にも面接取材した。

赤堤の伊丹宅の居間で面談したが、居間には縁なしの琉球表《おもて》が敷かれていた。家具はほとんど置かれず、何か道場のように厳しく簡素な美しさがあり、やはり伊丹さんの部屋だなと思わせた。

私がわからないのは、なぜ後藤組が伊丹監督を襲ったかということである。

ふつう暴力団は自分の親分なり、組なりを非難されたときに強く反発する。彼らは非常に現実的で、先代の親分に対する批判とか、一般論的な非難にはほとんど反応しない。反応しても、親分に褒められるとか、親分のお覚えがめでたくなるとか、カネ儲けにつながるとか、トクになることがないからだ。トクにもならないことに襲撃という逮捕されるかもしれない危険は負担できないと考える。

映画では、右翼・民族派が街宣車を列ねてホテルに押し掛けるシーンがある。他方、伊丹事件の首謀者として逮捕されたのは後藤組の副組長で、右翼的な富士連合会という団体を率いている。

この九二年は暴力団対策法が施行された年だが、山口組で暴力団対策法訴訟を担当していた遠藤誠弁護士は私の取材にこう答えた。

「容疑の五人すべては九二年の一月以来、新左翼の日本人民戦線、新右翼の一水会、それにヤクザの三派共闘による暴対法反対集会に先頭切って参加していた連中です」

九二年一月一九日、日本人民戦線の呼び掛けで東京・神田周辺で暴対法反対のデモが行われた。これに一水会と暴力団一〇〇人ほどが個人参加のかたちで加わっている。

同年三月一日、暴対法施行の日にも再び三派により二五〇人ほどを集めて新橋―銀座―東京駅八重洲口のコースでデモ行進が行われた。暴力団はこのとき「任侠市民連合」を結成し、「静岡ブロック」「京都ブロック」などのかたちで参加していた。

つまり山口組—後藤組—富士連合などには暴力団対策法への危機意識が満ちていた。そこに『ミンボーの女』が公開された。彼らは『ミンボーの女』を暴対法のPR版であり、自分たちにプレッシャーを掛けるものと認識した可能性がある。暴対法の施行は全体状況であって、後藤組だけに向けられた個別状況ではない。にもかかわらず、後藤組は伊丹監督襲撃に走った。後藤組には中央、東京の動きは、山口組の中では後藤組の担当だという使命感じみた動機があったのだろうか。ヤクザが日ごろ見せる現実主義、功利主義からは外れた行動だったことは間違いない。

インタビューの終わりがけ、私は同じような経験をした者として持論の「被害者の社会的責任論」を伊丹監督に披露した。つまりいわれのない不当な被害に遭った者は怯えてはならない、退いてもならない、それまでと同じ歌を歌い続ける。でないと、不当な攻撃を加えた側が暴力的攻撃は効果があった、奴を黙らせてやったと錯覚するからだ。錯覚に基づき、次も同じように暴力的手段を執るだろう。それをやらせてはならない。それが被害を受けた者の社会的責務だ、と。

伊丹監督はこれを聞き、「私も同じように思う。この事件で退くつもりはない」とうなずいてくれた。

「いままではいわば馴れ合い的な捜査といいますか、警察と暴力団の上層部が何らかのチャンネルを通じてコントロールしていくかたちだったわけですが、暴対法以降はほんとに敵対的な捜査を行わなければいけなくなっている。今度のぼくの事件なんかは、そのモデルケースのようなことです」

こう伊丹監督は静かに語ったが、それから五年後の一九九七年一二月、伊丹プロダクションが所在する港区麻布台のマンション下で、飛び降りたと見られる伊丹十三監督の遺体が発見された。理由が何なのか不明だが、それにしても残念に思う。六四歳の死はあまりにも早い。まだまだこの世に物申してくれなければならない年齢であり、立場だった。

歌舞伎町の中華系マフィア

『民暴の帝王』と『武闘の帝王』の出版をきっかけに、私がまるで小説家に転じたように小説の注文が殺到した。

『北京五輪破壊指令』（集英社）、『生贄の祀り』（角川書店）、『修羅の帝王』（徳間書店）などがそれだが、もともとエンタメ小説の書き手ではないから、完成に漕ぎつけるまでに四苦八苦したことはいうまでもない。

ノンフィクションでは、山口組への取材がタブーになっていたし、山口組自体が渡辺芳則五代目組長体制の発足で、当時は目立つような荒波も立っていなかった。

それで竹内明彦さん（小学館）の勧めに従い、同社が出す「SAPIO」誌で食品の安全性問題に手を出しはじめた。つまり同誌編集部の文富恵さんを担当に、九一年七月から連載「あぶない食品物語」を引き受けた。以後、毎回、その道の研究者や研究機関を訪ねて教えを受け、食品化学の最新の研究結果や調査結果を紹介するといった仕事だった。

文さんは東京生まれだが、両親は済州島出身である。本人は法政大学を出た後、ソウルやワシントンDCにも留学した。国際感覚に富み、取材度胸もある女性だった。後に彼女と組んで歌舞伎町、台湾、香港、中国大陸のマフィアなどを探ることになった。

仕事によっては取り組んでいる最中にヒリヒリ感がある。いわば危険な爆薬庫に忍び入る緊張とスリルである。それまでは山口組がヒリヒリ感の元を提供してくれたが、どうやらそれに替わって中国系マフィアが登場しそうだった。私はもともと斬った張ったの活劇が好きなのかもしれない。

九二年九月、新宿歌舞伎町で職務質問しようとした警察官二人に、日本に不法入国していた台湾マフィア王邦駒《ワンパンチュー》（当時二六歳）がベレッタ22口径で発砲、それぞれ顔と肺部に重傷を負わせる事件が発生した。

王邦駒は台北市内の暴力団「芳明館《ファンミンクアン》」のメンバーだったが、九〇年三月、台北市のゲームセンターで仲間の組員一人を射殺し、警官一人を負傷させ、同年七月、台湾警察から殺人容疑で指名手配された。王はフィリピンやタイ、マレーシアに逃げた後、シンガポールで発行された偽造パスポートを使って九二年五月に成田から日本に入国、兵庫や横浜を転々としてから新宿の台湾人女性を頼っていた。

王は警官を撃った後、発砲現場から約五〇〇メートル離れたマンション七階の台湾人女性（二八歳）の部屋に逃げ込んだ。部屋からは警官を撃った銃とは別に、スミス&ウェッソンの38口径と銃弾二八発が見つかった。王が飛行機で入国している以上、二つの拳銃は日本入国後に入手したと見られる。日本には台湾マフィアに拳銃を簡単に提供できるほど台湾人コミュニティが成立しているのか。

私は新宿警察署を訪ね、鈴木一三副署長に聞いてみた。

「王が拳銃をどこで誰から手に入れたのかわかりません。当人は日本の飲み屋で買ったと言っていますが、捜査はその先に進んでいない。台湾のマフィアについては新宿に組事務所など根城は構えていないし、シノギとして覚醒剤や麻薬の噂はあっても、彼らは一回も麻薬で捕まっていない。要するによくわからんというのが実態です」

だが、当時、新宿歌舞伎町には台湾クラブやパブが一〇〇軒、そこで働く台湾女性が六〇〇人といわれていた。その多くが「売り専」で、女性の外への連れ出しは自由だった。たとえばクラブでの飲み代が一万三〇〇〇円、女性の連れ出し料五〇〇〇円を店に払い、時間三万円、泊まり四万円程度を女性に払うといったシステムだった。日本人のサラリーマンなどもよく利用していた。

歌舞伎町で取材を進めるうち、繁華街に生活を依存する新規入国の外国人の場合、「女先、男後」の法則が成り立つのではないかと感じた。女たちが先に日本に上陸・入国して、同国人の男がその後に続く。男は言葉で気持ちを通い合わせられる者として、日本で稼ぐ女たちに物理的な庇護や賭博、あるいはクスリやセックスといったサービスを提供できる。

女たちが国から男を呼び寄せ、手元で養う。国にいられなくなった男たちが先行する女たちを頼りに日本に来る。歌舞伎町で外国人系飲食店はそのころ三〇〇軒、韓国系が一番多く、次に台湾系とされていた。

敵意が充満する路地を歩く

私はSAPIOの企画でまず台湾マフィアの実態を探るべく台湾に飛んだ。

事前に竹中組の竹中正相談役に頼み、台湾マフィアを何人か紹介してもらった。竹中正は中国系の要人に顔が広く、マフィアばかりか政府要人にもパイプを通じていた。彼自身、香港やマカオ、後には上海などに投資していた。ホテルやカジノ、ボウリング場などへの投資だが、いずれもひどく儲かったという話はついに聞かなかった。投資に見合う収益はなかったと推察するが、そのかわり事業で培った人脈の広さは圧倒的だった。おそらく中国系マフィアの間でも広く知れ渡る山口組の竹中正久組長の実弟という肩書きが大きく物を言ったと思う。

台北市の萬華《ワンホア》は食べ物屋や棺桶屋、ゲームセンターなどが軒を連ねる雑然とした街である。東京でいえば浅草に通じ、龍山寺《ロンシャンス》を中心に発展している。王邦駒は萬華に巣くう芳明館のメンバーだった。

竹中正に紹介してもらった台北の老大《ラオタイ》（首領）、黄阿貴《ホアンアクイ》は王邦駒を個人的に知っていた。

「芳明館というのはもともとが三〇年前まであった映画館の名前だ。そこに屯《たむろ》していた本省系（台湾系）の不良たちがグループをつくって芳明館と名乗ったわけ。組員は五〇人足らずで麻薬と売春を資金源にしていた。

王邦駒は外省系（大陸系）の人間だが、芳明館に入っていた。よく梁國愷《リャオクオカイ》と一緒だった。梁は三、四年前、警官と撃ち合い、死にました」

まだ人通りの少ない昼だったが、芳明館の縄張りという売春窟を近くの台北市警察局萬華分局刑事部の刑事の案内で見た。狭い路地の両側に射的屋風の小店が隙間なく軒を連ねている。壁の鏡に向かって若い女がワケありげに立っていたりする。

だが、私服とはいえ、顔を知られた刑事が案内してくれたせいだろう、私たちが路地に入ったとたん、店という店のシャッターが次々音を立てて閉じられていった。

男たちが私たちに体当たりする勢いで前方から次々こちらに進んでくる。路地には私たちへの敵意が充満している感じだ。そのなかで、同行したカメラマン坂本孝一さんは文富恵さんを前に立たせてそろそろと前進させ、彼女の肩にカメラの鏡筒を置いたままシャッターを切り続けた。波のように伝わる情報の速さは驚異的で、一分とたたないうちに路地の両側、一〇〇メートルはある端から端まで全部シャッターが閉じた。

私は見物しながら恐ろしく感じたし、文さんのクソ度胸に舌を巻いた。

第八章 宅見勝暗殺事件

——中野太郎との会話

稲川会との親睦ゴルフに興じる宅見勝五代目若頭
（撮影：眞弓準）

予見された渡辺と宅見の対立

　しばらく山口組の代わりに台湾マフィアや香港三合会の14K、新義安、上海や雲南省のマフィアなどを取材し、雑誌に記事を書いていた。中国系の流氓《リウマン》や黒社会はそれなりに面白いが、日本の暴力団ほど組織化が進んでいない。台湾マフィアは警察と真っ向から銃撃戦をやるなど、無法ぶりが徹底して突き抜けた感じがあるが、香港や中国本土のマフィアは経済マフィア風で、カネが貯まれば堅気の事業家にでも衣替えしようかと考える。日本のヤクザと違って、たとえお題目程度でも「任侠」は意識していない。

　取材、調査を二、三年やって、東アジアのマフィアはおおよそわかるような気がした。それまでに小学館刊の「ＳＡＰＩＯ」などに発表した記事をまとめ、一九九四年四月『チャイナマフィア　暴龍の掟』を同社から刊行した。中国系マフィアを扱った本としては早い出版だった。

　翌九五年は阪神・淡路大震災で明け、オウム真理教事件で暮れた。地震では山口組の渡辺芳則組長が救援活動に精を出す姿が写真誌などで取り上げられたが、私は「そのくらいの奉仕活動はするだろうよ」と冷淡に見て、ほとんど記事化しなかった。オウムの事件では宗教の持つ社会悪が意識され、国会では宗教法人法の改正が論議された。私もＳＡＰＩＯに依頼され、アメリカで宗教行政や政教分離原則を取材し、九六年に小学館から『宗教の火遊び』を出した。

この間、山口組についてはヤクザ雑誌で断続的に扱っていた。いま、ヤクザ雑誌は全滅に近い状態だが、当時はまだまだ健在だった。

三和出版刊の「実話時代」は創雄社の酒井信夫さん（二〇一八年没）が編集長だった。私は同誌が創刊された八五年に彼から電話をもらって会い、ときおり山口組についてのレポートや評論を頼まれた。業界誌だから当然ヤクザに対して甘口だったが、同誌でも私はヤクザに迎合的な書き方はしなかったし、酒井さんも要求しなかった。彼から私は暴力団に対して「洞察力がある」と見られていた。彼は副編集長の渡辺豊さんと一緒に田舎の高校で学園闘争を経験したとかで、人間にクセがあって骨っぽく、ヤクザや右翼に一家言を持つ人だった。

竹書房の牧村康正さんとは八八年に名刺を交換している。当時の彼の役職は制作局次長とあり、九九年に竹書房の常務取締役、その後専務取締役、二〇一一年には代表取締役社長に上った。小さな出版社であっても社長に上るくらいの人だから、物事を過不足なく淡々と見られる人である。竹書房はやはりヤクザ雑誌の「月刊実話ドキュメント」（ハロー企画）を手掛け、同誌編集長・篠田邦彦さんに八九年に紹介された。竹書房はまた「特冊新鮮組」という雑誌も手掛け、二〇〇五年に牧村さんから同誌の仕事もやってくれと頼まれた。

牧村さんは立川談志に目を掛けられ、同社は立川談志の音源や映像をかなり持っている。牧村さんは、雑誌の編集を担当しているのが制作会社であるにもかかわらず、私が取材するとなると、いつも自ら付き添い、出張先で面倒を見てくれた。私の取材に同行するのが好きなのか、巻頭の記事に手を抜けないと思ったのか、同社の仕事では牧村さんの同行取材が基本になった。

こうした雑誌の記事をポツポツこなし、それなりに取材もしていたから、九七年当時、私が山口組情報にとくに疎いことはなかった。だが、同年八月二八日、「週刊朝日」の岩田一平さんから「今日午後三時過ぎ、神戸で山口組の宅見勝若頭が撃たれましたね」という一報をもらったときにはびっくりした。前兆となるような動きはまるでつかめていなかった。

宅見若頭はその日、新神戸駅に隣り合う新神戸オリエンタルホテル四階のティーラウンジで総本部長の岸本才三、副本部長の野上哲男と談笑中に射殺された。四人から成る襲撃犯グループは拳銃で宅見の頭に二発、胸部に五発の銃弾を撃ち込んで宅見は失血死した。

この事件を知り、私は直感的に山口組内の犯行ではないかと思った。このことは朝日新聞大阪版（九七年八月二九日付）に寄せた私のコメントに窺える。

〈山口組の動向に詳しいルポライターの溝口敦さんは「若頭を射殺するということは、山口組に挑戦状をたたきつけるのと同じで、ほかの組による犯行とは考えにくい。山口組内部には『宅見のやり方は手ぬるい』という声があり、反発する傘下の組の犯行ではないか」と話している〉

友人の毎日新聞社会部記者はこの記事を目にして「警察が何も言っていないのに、溝口は内部犯行説を唱えている。大丈夫なのかと心配だったけど、二、三日たつと、山口組系中野会の犯行と割れてきた。溝口の見立ては間違いじゃなかったとホッとした」と、後で話してくれた。

私は過去、宅見の系列を引く大原組の組員と覚しき者に左の脇背を刺されたり、映画『民暴の帝王』で原作者の名前を外されたりしてきたが、だからといって、宅見を憎たらしいとか、不倶戴天の敵とか思ったことはない。だから宅見が殺されてバンザイとは思わず、単に「やっぱりな」と自分が七年前に立てた見通しを誇らしく感じた。

刺される理由になった『五代目山口組』に、私は次のような事実を書いた。他のメディアはたぶんこうした細かい事実を知らなかったか、知っていても山口組を憚って書かなかったかである。ちょっと長めになるが、引用させていただく。

〈渡辺の五代目擁立、実現に力あったのは宅見勝、岸本才三、野上哲男の三人である。彼ら、とりわけ宅見勝が新人事のリーダーシップを握った。

まず野上哲男がすでに八八年暮の段階で、渡辺から組長としての発言をしないという言質を引き出したとされる。つまり、首尾よく渡辺が五代目になった暁には組運営の権限を、われわれ執行部に任せてほしい、渡辺は年齢も若く、直系組長に上ってからの日も浅い、経験に不足しているから、当分の間、我々の働きを見守ってだけいてほしい、五代目の土台づくりは我々がする、と提案し、渡辺は諒承した。

（略）

宅見勝は渡辺より四歳年長である。普通、組長より若頭が若い。また宅見の率いる宅見組では組長のほかに組長代行を置いている。そのためもあってか、宅見勝は最初、組長代行の椅子を望み、渡辺に話を通した上、渡辺からそれを提案させたという。組長代行が組長の権限の分与であることは渡辺にも分明だったろう。だが、あえてそれを納得させ、第三者に反対しづらいよう、渡辺に発言させるあたりに、渡辺─宅見の関係が如実に見てとられる。

しかし、この宅見の目論見は通らなかった。

「『渡辺という組長が健在でありながら、組長代行というのはちょっと……』と中西さん（一男現最高顧問）、小西さん（音松同顧問）が難色を示し『そういうことやったら、副組長でどうや』と妥協案を示した。宅見さんは即座に『副組長なら要らん。頭《かしら》（若頭）でいいわ』というんで、若頭に決定したという話です」（直系組長）

山口組の現在は若頭・宅見勝というより組長代行・宅見勝と見たほうがいっそうわかりやすい〉

渡辺が組長としての発言をしない期間は就任後五年と定められたようだが、宅見は五代目体制が発足して八年たっても若頭を退任しようとはしなかった。いくら渡辺が御しやすい相手であっても組長になって八年もたてば、取り巻きもできるし、知恵を授ける忠臣も登場する。彼らが宅見勝の排除に動き、渡辺の権限を回復、確立しようとするのはだれにでもわかることだろう。

中野太郎は忠臣か逆賊か

つまり山口組の動向を正確に見ているかぎり、内部の人間が宅見を殺るだろうとは推察できる。いったん渡辺を組長に立てれば、渡辺が親分になる。宅見がその若頭に就こうと、渡辺の子分であることにかわりはない。だが、宅見は親分に渡辺を立てることで、自分が山口組の実権を握れると考えていた。

渡辺の組長就任前、山口組対一和会抗争の継続を主張した竹中武（直系竹中組組長）は、尊敬できない渡辺との親子盃は飲めないと山口組を離脱したが、山口組、なかでも宅見組から総攻撃を受け、組織は壊滅的なまでに切り崩された。

私はそのころ宅見と電話し、話がこの竹中武におよんだ。と、宅見は吐き捨てるように「武は単にバカなだけやないか」と洩らした。宅見の声音は今も耳に残っている。

宅見が中野会に射殺された後、私は竹中武に電話したが、その際、宅見の武への評価をはじめて伝えた。と、竹中武は「仲間に殺されて、どっちがバカだか」とつぶやいた。私も同じように感じた。宅見勝は策士、策に溺れて自ら射殺を招いたのだ。

宅見襲撃犯が逃走用に使った車は兵庫県警の調べでほどなく中野会系中島総業から借り出した車と判明した。襲撃の現場に居合わせた岸本才三や野上哲男も「襲撃犯のなかに見た顔がある。たしか中野会の枝の子だったような気がする」と言い出し、山口組執行部でも「宅見襲撃は中野会の仕業」という説が定着した。警察はまだ中野会の犯行と断定できていなかったが、山口組は警察より前に中野会犯行説を打ち出し、幹部会は犯行から三日後の八月三一日、中野会の中野太郎会長を破門処分にした。

渡辺組長は中野の処分に反対した。もともと中野は山健組の出身である。山健組は田岡一雄時代の若頭・山本健一がつくった組で、その山健組で舎弟だったのが中野太郎だった。山健組で若衆をやりつつ健竜会をつくったのが渡辺であり、中野はその健竜会で相談役をつとめていた。つまり中野と渡辺は山健組の中で師弟の関係にあったわけで、渡辺が中野を庇ったのは味方身びいきとして当然だった。

中野は渡辺体制がスタートしてから中野会として直参（直系組）に取り立てられ、その後、若頭補佐に抜擢された。中野太郎が渡辺の傍近くに仕え、渡辺から宅見支配の打破を相談されたとしても不思議はない。しかも中野は九六年七月に京都府八幡市の自宅近くの理髪店で散髪をしているとき、会津小鉄の襲撃を受けた。襲撃隊六、七人は車二台で理髪店に乗り付け、中野を銃撃した。店内にいた中野のボディガードが応戦し、襲撃側の二人を射殺し、中野の安全を守った上、相手を返り討ちにした。

これに先立つ九六年二月、山口組の若頭補佐の一人、山健組の桑田兼吉《かねよし》組長と、会津小鉄の図越利次《ずこしとしつぐ》若頭、共政会（広島）の沖本勲会長の三人が互いに五分の兄弟盃を交わした。もちろん各組織が公認した盃である。これで山口組と会津小鉄は関係を強めたはずだが、にもかかわらず、なぜ会津小鉄は山口組の一員である中野太郎を襲ったのか。

図越利次若頭はその夜のうちに山口組本部に出向き、宅見若頭などに謝罪し、山口組と会津小鉄はあっさり和解した。中野は襲撃を受けた当事者にもかかわらず和解の蚊帳の外に置かれた。たまたま反撃して難を逃れたといっても、いきなり物もいわず急襲する会津小鉄のやり方は許せまい。

中野のその日の行動を会津小鉄に教えたのは宅見ではなかったのか、宅見が絵を描いた会津小鉄の襲撃だったのではないかと、中野は疑った。しかもこの和解には三億～五億円が動いたとされる。宅見はカネの処置を独断で行い、中野には一円も渡さなかったという。

思うに宅見若頭は中野を渡辺もろとも葬り去る相手と考えていたのかもしれない。当時、宅見が渡辺に対するクーデターをたくらんでいたという説も流れていた。

とすれば、中野が宅見を、殺しても飽き足らない奴と考えた可能性は否定できない。宅見を、自分と渡辺組長にとって絶対倒すべき敵と考えたはずだ。

しかし、山口組の執行部にとっては、中野は宅見という仲間を殺した大罪人である。仲間殺しの男を彼らの傍に置いてはおけない。執行部は渡辺組長の反対を押し切り、九月三日、中野への処罰を破門から、永久追放を意味する絶縁に繰り上げた。襲撃隊が撃った弾丸の一発が関係のない歯科医に当たり、彼は病院に運ばれ、手当の甲斐なく死亡した。無関係の市民を巻き込んだ。山口組は恭順の意を表さねばならない、という奇妙な遵法意識がもたらした絶縁処分であり、渡辺はこれに抵抗できなかった。

中野へのこの絶縁処分で山口組は長い停滞期に入った。渡辺とすれば、体を張って忠節を尽くした中野を山口組に迎え入れ、若頭にでも据えて山口組の経営を任せたいと考えていたはずだ。しかし、執行部はガンとして中野の復縁を認めなかった。執行部のあらかたは宅見派で固められていた。山健組出身の若頭補佐に桑田兼吉がいたが、彼も宅見派に移った。一説に宅見に覚醒剤の使用をつかまれ、宅見寄りになったとされる。

暴力団とはいえ、組長の権限は絶対でなくなっていた。宅見亡き後、だれを次の若頭に据えるかという人事さえ以後八年間も決まらず、空席のまま捨て置かれた。山口組は凪《なぎ》の海で漂流をはじめたのだ。

中野にすれば、山口組に戻らなければ宅見襲撃の意味がなくなる。なんとしてでも復縁しなければならない。そのため、宅見殺しはうちがやったのではないとウソを吐《つ》き続けた。中野は九八年三月、「週刊文春」でライター須田慎一郎氏のインタビューに答え、うちは絶対宅見若頭を殺していない、私は射殺の指令も出していないと公的にシラを切った。中野は、取材を受ける者が絶対やってはならないミスリードを公然と行ったのだ。

以後、私のなかで中野は信用できない男と印象づけられた。中野が浮上することは二度とないだろう。宅見が殺された後、私が喰うべき相手は渡辺芳則に絞られるはずだとも感じた。

仲間殺しの山健組と中野会

射殺事件からほぼ一年後、写真誌「FRIDAY」が宅見を射殺した実行グループの首謀者とされる中野会若頭補佐（壱州会会長）吉野和利が韓国釜山に潜伏していると実名、顔写真入りで報じた。

私には同誌に親しい編集者がいたが、その編集者から当時、直接、次のような話を聞いた。

「うちが吉野の韓国潜伏を報じた直後、中野会関係者と名乗る者から編集部に抗議の電話があった。その男の言い分は、〈宅見射殺は中野会の犯行ではない。だが、お宅の記事を見るかぎり、まるで中野会が殺ったみたいに書かれている。こんな記事が出たら、吉野は殺されてまうやないか〉というものだった」

次の日（九八年七月六日）の夜九時過ぎ、その男から「吉野が殺されてもうたやないか。どないしてくれんねん」という二回目の電話があった。ソウルで吉野の死体を最初に見た韓国人男性の報告は六日の夕方七時ごろだったというから、中野会関係者を名乗る男はそのわずか二時間後、編集部に電話をよこしたわけだ。男は吉野は殺されてしまうと言い、その通り、直後に吉野は死体で発見されて、男はその事実を報らせてきた。

編集者は死体写真を見たが、鼻から血が流れ出、口からは血混じりの泡を吹いている、胸には青黒いうっ血斑が出て、どう見ても他殺死体だったと言った。

韓国の捜査当局は、吉野は病死だと発表したが、編集者は電話のやり取りから中野会が口封じのために殺したと疑って、ひどく怯えていた。私も中野会は首脳に不利益が及びそうなら、同じ釜の飯を食った仲間さえ殺すと見て、不気味に感じた。

実際、中野会と山健組には組員の不審死事件が多い。そのなかには捜査の結果、山健組系多三郎一家・後藤一男総長刺殺事件（二〇〇七年五月発生）など、仲間が仲間を殺したことが裁判で確定した事件もある。山健組は山口組のなかでもとりわけ仲間同士の殺人を屁とも思わないマフィア的な心情を持つリーダーが多いのかもしれない。彼らにはどうせろくでもないことしかしていない組員を、煮て食おうと焼いて食おうと、こちらの勝手といった自己蔑視の思いが強いのかもしれない。

翌九八年一〇月には宅見襲撃犯の一員だった中保喜代春《なかほきよはる》が兵庫県警に逮捕され、全面自供に追い込まれた。九九年三月、兵庫県警は宅見若頭の射殺は中野会の犯行と断定した。しかし、それでも、中野会が山口組に復帰するのではないかという噂や観測が消えることはなかった。そればかりか渡辺組長が事前に中野の宅見射殺に了解を与えていたのではないかという噂が終始、流れていた。

だが、その渡辺組長も〇五年七月、弘道会・司忍などに迫られて引退し、同年八月には、宅見射殺事件の最終責任者・中野太郎も中野会を解散、引退した。〇六年には襲撃犯の一員だった鳥屋原《とりやばら》精輝の死体が神戸市六甲アイランドの貸倉庫内で発見された。

脳に霧がかかったほうが勝ちなのか

こうして宅見射殺事件は終わったが、私は〇七年八月、療養中だった中野太郎を訪ね、インタビューした。〇三年一月、中野は脳梗塞で倒れ、言葉はやや明瞭さを欠いたが、不自由ではなかった。長身をベッドに横たえ、顔色はいい。

「何でも質問してください。正直に答えますよ」

と、中野は言った。

Q宅見若頭射殺事件に入る前のこととして、宅見若頭とは一緒にやっていけないような因縁があったのか。

中野「前年（九六年）ごろ、こういうことがあったんですわ。宅見が私に会いたいと言うてきたんです。で、会うと『カネあるでえ。あって邪魔なもんやなし、要るんなら回すでえ』って。わしは『ふ〜ん』言うて、話に乗らなかったんですわ。

そしたら『カネが要るなら、いつでも言うてくれたら、すぐ現金で、本部からトラックで運ぶからよ』って。結局、カネを出してでも、わしを仲間にしたかったんやな。親分（渡辺芳則組長）を放り出して新体制をつくる考えをもっていたわけや」

Qそれは渡辺組長に対するクーデター計画だったのか。

中野「そうや。宅見はわしを仲間に入れたかった。わしは言うたわけや。『どっちにしても親分についていく立場なんやから、オレにそんな話言わんといてくれ』って。

最後に、わし言うたわ。

『悪いけどオレ断るわ。その話（クーデター計画）、オレに言わんかったことにしてくれ』って。そしたら宅見はプイッと立って、山口組本部の五代目がおるとこ、奥の院っていうんです、一番奥にあるからね、『中野、中野、オレちょっと奥の院行ったら、あの野郎蹴っぺ返して（蹴っ飛ばして？）くるから、あんたはなんやかんや言わんといてや』って。『あんたの好きなようにしたらエエやん』って言うたら『ほんまあ?』言うたわ。したいんやったら一人でやったらええ。それ以上オレに言わんといてくれやって、わし言いましたわ」

中野の脳髄には霧がかかっているのか、言うことはどこかおぼつかない。宅見がいきなり中野にカネを用立てると申し出る、あるいはこれから渡辺組長を蹴ってくると言い出すなど、リアリティーを欠いているように思われるが、たぶん百パーセントのウソではなかったろう。

中野が宅見と顔をつき合わせた九六年は、すでにバブル経済が破綻し、日本経済は「失われた一〇年」に入っていた。株や地上げを手掛けていた直系組長クラスは軒並み損を抱えた。しかし、宅見だけは稲川会・石井進が九一年に没した後も、経済ヤクザの雄として自由に動かせる資金が一〇〇〇億とも二〇〇〇億ともいわれていた。カネを貸すことで人を掌握するのは宅見の常套手段だった。

また宅見死後の話だが、神戸市灘区の山口組本部、本家では意外にも暴力が横行していた。若頭補佐七人のうち一人は渡辺組長から謹慎処分を受けた上、胸部を激しく蹴られて肋骨を折ったとされる。もう一人の若頭補佐も渡辺組長の機嫌を損じ、指詰めして渡辺組長に詫びを入れたという。宅見の生前、宅見の力が優越して、逆に渡辺組長に暴力を振るった局面は必ずしも絵空事ではなかったろう。それだけ内部の空気は殺伐としていた。

Q宅見若頭の話を断ったから、理髪店の事件が起きたのか。

中野「ホンマの話です。（クーデターの誘いを）断ったら、散髪屋の事件が起きた。私もバカじゃないから、だいたいわかるわね。昨日今日の問題でもなかったから。『あんちきしょう、やってきやがったな』って。やられたらやり返すのがヤクザの常套手段だから。わしは（宅見への返報を）せないかんねん」

Qその上、宅見若頭が中野会長に断りなく会津小鉄と手打ちしたわけか。

中野「あのね。手打ちのおカネがどっかへ消えてしもうたんですわ。四億か五億あったと聞いてます。わしには一円もなしですわ」

Qそんなこんなで宅見若頭射殺事件を起こすわけか。中野会の若い人たちが自分たちの考えでやったというわけか。

中野「まあ、そうなります。建て前はね」

最後に中野太郎は「こんな病気（脳梗塞）になるんやったら、宅見の事件なんかやめときゃよかったなあ」と述懐したものである。

中野会や宅見組、宅見組から分かれ、直参に取り立てられた天野組（天野洋志穂組長）などには、宅見事件の発生で人生を棒に振り、命を落とし、獄に繋がれた者が何人もいる。だが、親分は療養中のベッドの上で「やめときゃよかったなあ」とぼやいて済ませる。親分―子分関係とは、現代日本社会のなかでつくづく不思議な遺物である。

渡辺外しのクーデター

しかし、翻って考えれば、宅見射殺事件は組織と人間とがぶつかり、互いにつぶし合ったダイナミズムに満ちた事件だった。小利口さと愚かさが争い、愚かさが組み入れた蛮勇が小利口さを滅ぼす。しかしそれで愚かさが勝ったわけではなく、愚かさはヤクザ官僚に取り巻かれて逼塞《ひっそく》、これではならじと腹心の部下を執行部に入れて自分のガードにしようとする。だが、愚かさは最後、官僚と新たに登場した暴力派とのスピード競争に敗れ、組長という席を明け渡す。

いまも宅見射殺事件の全容が明らかになったとはとうていいえない。いろいろな見方や解釈が成立し得る。客観的に見れば、群盲象を撫でる状態を現出しているのかもしれない。しかし私が事実に近いのではと感じる説がある。東京の事業家Cの唱える見方である。Cは山口組の首脳とも交際があり、なるほどそう見ると、山口組の情況がよくわかるといった観点を含んでいる。

以下、あらあら要点を紹介しよう。

まず若頭・宅見勝は九六年ごろ、渡辺組長を引き下ろすクーデター計画を練りはじめる。当初、宅見のロボットだった渡辺が次第に我を出しはじめ、言うことを聞かなくなったからだ。

「五代目外しのクーデターを言い出したのは宅見だ。それに乗った若頭補佐は桑田兼吉（〇七年病没）、古川雅章（〇五年引退）、司忍（現、六代目山口組組長）の三人だった。岸本才三は半身の構えで、宅見からすべての計画を打ち明けられてはいなかった。当初、宅見はこの計画に乗るよう中野太郎にも声を掛けた。だが、中野は『この話は聞かなかったことにしてくれ』と宅見の誘いを断った。

宅見はこれにより中野太郎をこのまま放置していては渡辺にチクられる、危険だと考えた。

そこで宅見は会津小鉄に中野太郎を殺ってほしいとオーダーした。会津小鉄は、わが物顔で京都に進出してきた中野会に手を焼いていた。宅見からの話は渡りに舟だ。これで山口組に貸しをつくれるって飛びついた。だが、結果は中野のために返り討ちに遭い、かえって山口組にカネを運ぶことになった」

中野は理髪店事件時点で宅見の真意を察知した。宅見を除かないと、自分が殺られる。こうなったら殺るか殺られるか、スピード勝負と考えた。中野は襲撃隊を組んで下調べをさせ、ついに九七年八月、宅見射殺を強行した。

当初、山口組の執行部は中野に破門処分を下したが、このとき、より重い絶縁を主張したのは倉本広文（九八年病没）、古川雅章、桑田兼吉だった。渡辺はまだ中野会の犯行と断定されたわけではないと反対した。こうしたことを伝え聞いた中野は渡辺の弱腰に腹を立てた。

渡辺は執行部の反対で中野を呼び戻せず、中野の復縁を模索しつつ、足元の山健組の立て直しを考えはじめた。山健組を完全に自分の親衛隊にしなければ、執行部に太刀打ちできない。そのとき山健組の組長だった桑田兼吉は宅見側に走り、まるで使い物にならない。渡辺の意中の人物は当時服役していた井上邦雄（現、神戸山口組組長）

だった。井上は中野と同じく大分県の出身で、もともと中野の秘蔵っ子といわれた人物だった。

渡辺にとって桑田を井上にすげ替えるスピードが重要だったが、司や執行部側にとっては、渡辺をすげ替えるクーデター計画のスピードが重要だった。

第九章　渡辺芳則への嫌がらせ

——『食肉の帝王』と『山口組経営学』

パットを外した渡辺芳則組長
（撮影：眞弓準）

浅田満ハンナン・グループ会長

ＢＳＥ騒動とハンナン浅田

二〇〇二年四月の昼、飯田橋を歩いていると、ばったり「週刊現代」編集長の鈴木章一さんに会った。鈴木さんとは彼が週刊現代でヒラの編集者だったころからの知り合いで、同誌のほか月刊「Ｖｉｅｗｓ」の副編集長だったときも、一緒に仕事をしている。

鈴木さんに誘われ、近くの喫茶店に入って世間話をした。彼は前年の〇一年七月に「週刊現代」の編集長になったばかりで、連載でやれるような企画はないかといわれた。

ヒットするような企画を必死で探していたのだろう。私は自分でもやれるかやれないか自信はなかったが、「ハンナン」の浅田満氏はどうか、いまならやれる可能性が高いのでは、と答えた。

というのは、〇一年九月から日本でもＢＳＥ（牛海綿状脳症＝いわゆる狂牛病）の感染が疑われる牛が千葉県、北海道、埼玉県で相次いで発見され、農水省は在庫牛肉の市場隔離を図る「牛肉在庫緊急保管対策事業」を決めていた。

当時、イギリスやアメリカでは、BSEはウイルスなどの病原体による病気ではなく、プリオンと呼ばれるタンパク質だけで構成された物質が原因とする見方が有力だった。いったんBSEにかかると治療法はなく、罹患《りかん》した牛を殺した上、焼却処分するしかない。また人間にはBSEと似た症状を示すクロイツフェルト・ヤコブ病が知られ、これはBSEに感染した牛を原料にした食物（牛肉や飼料）が感染源という見方が定着していた。イギリスではそのころクロイツフェルト・ヤコブ病による死者が推定を含め一六九名に達していた。

農水省は感染の続出に慌てて在庫保管事業を撤回し、すべての在庫牛肉を焼却する「市場隔離牛肉緊急処分事業」に踏み切り、二〇一億円の予算をつけた。

食肉事業者のなかにはこれに目をつけ、農水省の買い取り事業を悪用する企業があった。オーストラリア産牛肉を国産牛肉と偽って買い取らせる、あるいは焼却したと偽って助成金を受け取った上、実際は焼却しなかった牛肉を市場に流す、牛骨などを牛肉と偽って申請し、助成金を詐取するなど、多くの不正が判明した。「雪印食品」、「日本食品」、「スターゼン」、「全農チキンフーズ」、「丸紅畜産」、「日本ハム」などがこうした不正に名を列ねた。

私は食肉業者の不正事件を知り、業界の雄である「ハンナングループ」・浅田満氏にも何らかの不正が見つかるはずだと考えていた。ＢＳＥの発生は食肉業界という沼に投じられた巨大な石だった。大きな波が立つ以上、旧悪は露呈すると勘を働かせた。

ハンナンの浅田氏といえば政・官・財のほか暴力団、同和団体など、力という力を一手に握り、活用し、増殖し、今日の財を築き上げた立志伝中の人であり、とりわけ部落解放同盟と山口組とは切っても切れない関係にあった。両組織とも一般市民はもとよりメディアにとってもこわもての存在だったから、知りたくても知ることができない一種のタブーとして、遠巻きに眺められていた。

これまで正面切って一冊の本になるほどのボリュームで、浅田氏という人物を解明した記事も著作もなかった。

実現すれば、やりがいがある仕事になることは間違いなかった。しかし、雑誌で浅田氏の連載をはじめたはいいが、途中で名誉毀損裁判をぶつけられたり、あるいは解放同盟による糾弾闘争の標的にされたりするのはご免である。そうなれば私ばかりか雑誌の編集部や出版社にも迷惑を掛けてしまう。かといって浅田氏についてお太鼓持ちやお為ごかしでは書けないし、それでは書く価値もない。公正、中立、客観的な批判の目をもって書き続ける王道のほかに方法はない。しかも、それでいて彼の反作用を招かない書き方はないか。難題だが、ＢＳＥ騒ぎの混乱が浅田氏を忙殺し、私の連載をスムーズに続けさせてくれるのではないか――。

虫のいい考えだが、いまなら長らくタブーになっていた浅田満論を書けるはずと私は踏んだ。

鈴木さんとあれこれ話し合い、連載企画が可能かどうか、さらに二人とも下調べしてから決めようとなって、この日は別れた。

五月中旬、鈴木さんから電話があり、また喫茶店で会った。彼は「なんとかやれるんじゃないか。やりましょう」と連載の準備にゴーサインを出した。おそらく講談社の局長クラスにも同意を取り付けたのだろう。鈴木さんは言った。

「編集部に木原進治というしっかりした男がいて、緻密な仕事をする。この木原を担当編集者につけます」

木原さんは大学時代にアメフトをやっていたとかで非常に体の大きな男だった。彼と一緒に歩けば、私がボディガードをつけているように見えるかもしれないと感じた。

山健組と骨がらみの関係

私はまず神田神保町の「解放出版社」にコバケンこと小林健治事務局長（現、「にんげん出版」代表）を訪ね、「浅田氏を連載で扱いたいと思っている。連載が実現するとして、同和団体は連載をどう受け止めると思うか」と聞いてみた。

小林さんとは都内の飲み屋や出版社のパーティーで何度も顔を合わせ、友だち関係にあった。小林さんは「連載は可能と思う。解放同盟のなかには浅田さんを批判する声もあるから」と教えてくれた。私は小林さんから大阪の解放同盟などについて初歩的な知識を仕込んだ。そのうえで五月から九月まで、木原さんと組んで大阪の羽曳野市や兵庫の神戸市を中心に取材に入った。

以前、私が『雲を駆る奔馬　三代目山口組若頭山本健一の生涯』を書いたとき、大いにお世話になった山健組本部長・松下正夫さんは当時、本部長から外れていたが、相変わらず親切だった。彼の上司ともいうべき渡辺芳則二代目山健組組長は山口組の五代目組長に就いていたが、彼は渡辺組長に忖度する様子を見せなかった。

松下さんは山口組と浅田氏との関係のそもそもから教えてくれ、食肉業界で情報を持つ人を紹介してくれた。さすがに蛇の道はヘビで、浅田氏がらみのことにはよく通じていた。

「浅田満の弟に照次というのがおるんやが、こいつが無類の博打好きで、若いころ山口組の直参である白神組に入り、自分でも浅田組を率いて白神の舎弟に納まった。白神は山口組で若頭補佐やったが、大阪府警に逮捕されたとき、あまりに内部のことを喋りすぎやというんで、若頭補佐から降ろされた。山口組でもヒラの直参ではたいした影響力は持てない。それで満さんは照次さんを白神組からいったん引かせ、四男の英樹さんを当時山口組の若頭に上っていた山健さん（山本健一）にいきなり舎弟として迎えてもらうわけや」

こうして山健組は浅田氏のケツモチ（後見人）に納まり、浅田氏は山健組の潤沢なカネづるになった。若いころ松下さんも山健の使いでよく浅田氏の事業所や住まいがある羽曳野に出かけたという。当時は屠畜された牛の血で川の流れが赤かったことをはっきり覚えていると話した。

浅田氏という山本健一の便利な財布は山本健一亡き後、渡辺芳則に引き継がれた。渡辺は浅田氏の父親が死んだときも浅田氏の妻が死んだときも葬式に参列している。

また渡辺の住まいの近隣の土地が売り出されたりすると、浅田氏に電話して、自分の代わりにとりあえず買っておいてくれないかと頼んだ。浅田氏は渡辺の養女名義で一億七二〇〇万円の定期預金を積み、渡辺芳則の妻をハンナングループ企業の取締役に迎えたりした。

浅田氏は山健組との交際が濃厚だったから、それまでの山口組取材で培った私の情報パイプがもろに役立つテーマだった。考えてみれば、社会に横たわる差別を背景として、ヤクザの重要な人材源は同和と在日韓国人というのは周知の事実だったから、食肉業者の間で話を聞き回ると、ヤクザにぶつかるのは当然だった。

取材の折、たまたま食肉業者の家に上がり込み、当主の話を聞いていると、初老の男が入ってきた。当主は「妻の弟だ」と紹介してくれた。私が名刺を出して挨拶すると、男は立ったまま鋭い眼差しを向けた。

「溝口さんか。知ってるよ。あんたの家も知ってる。家を見張っていたから。袋小路に建っている家だよね。あの事件の後、オレはカタギになった。山口組を離れて、もうあんたとは関係ない。安心してくれていい」

男が言う「あの事件」とは、一九九二年、私が写真誌「ＦＲＩＤＡＹ」に書いた記事が元になり、同誌の副編集長が特殊警棒で頭を殴られた事件を指すと見られる。私の家は立川警察署が警備を固めてくれたから、男は見張ってはみたが、目的を達せられず、同誌編集部のある文京区音羽の講談社に回ったのだろう。

男の話を聞いて、思わずゾッとした。同時に、浅田氏が住む羽曳野とはいえ、浅田氏一色に染まったわけではない。どこかに割れ目があり、情報が漏れ出るのだと実感した。取材は有効なのだ。

周辺取材に入ってから何回か、浅田氏に直接インタビューに応えてほしいと申し入れた。浅田氏からはその都度、

「今回の取材の申し込みについてはお断りさせていただきますので、郵便物もお返しさせていただきます」

「取材の申し込みについてはお断りさせていただきます。浅田」

といったワープロ書きの取材拒否回答を郵送などで送ってくるばかりだった。

インタビューに応えないなら、応えなくていい。応えなくてもレポートはできると、私は感じた。

その年九月から私の『食肉の王』ハンナン・浅田満という男」は週刊現代で連載がはじまった。毎号、評判はいいようだった。私が広告会社に勤めていたときの同僚は当時大阪支社勤めだったが、わざわざ電話をくれ、「すごい連載をはじめましたね。関西では毎号、どこのキヨスクでも売り切れですよ」と教えてくれた。

しかし、私とすれば毎回、記事が出るたびに薄氷を踏む思いがした。浅田氏からいつ名誉毀損裁判を起されるか、気が気でなく、改めて自分に言い聞かせた。ことさら批判がましくは書かない。さらっと事実を摘示すること。私にできることは原則を固守するぐらいだった。必要なのは相手との間合いを計ること。筆が滑って立ち入りすぎれば、バサッと切られる。

連載は一二月まで一四回続いて「完」となった。連載中、浅田氏は何一つ法的措置を取らなかった。私はホッとすると同時になぜなのか、むしろ不思議な気がした。

この年の暮れ、「週刊ポスト」（小学館）の忘年会に遅刻して出ると、編集長の海老原高明さんが挨拶しているところだった。彼は私を目に留めて、「今、入ってきた溝口さんのおかげで、ポストが長らく続けてきた総合週刊誌一位の座を『週刊現代』に奪われたわけです」と言った。週刊現代は関西で売れたせいで、瞬間的ではあったが、全国トップの売れ行きになった。

また旧知の竹中武・竹中組組長から電話があり、

「あんたは凄い。渡辺（芳則組長）のカネづるに手ェ突っ込んでメチャメチャにしてやった。渡辺はそうとうこたえているんじゃないか」

と言ってくれた。私には渡辺組長にダメージを与えるといった意識はまるでなく、武の評価を意外に感じたが、それでも彼に褒められるのは名誉と感じた。

受賞と浅田逮捕

連載に対して翌〇三年三月、第九回編集者が選ぶ雑誌ジャーナリズム賞の大賞を与えられた。この賞は各社の週刊誌編集部員などの有志が世話人になり、カネを出し合って、雑誌ジャーナリズムの振興を図ろうとする賞である。新聞やテレビなどに比べ、主に雑誌を舞台とする日の当たらないジャーナリストにとっては、ありがたい催しである。

私が賞と名づけられるものをもらったのは、このときがはじめてだった。

同年五月、連載は『食肉の帝王　巨富をつかんだ男浅田満』とタイトルを変え、講談社から単行本として出版された。

同年八月に日本ジャーナリスト会議のＪＣＪ賞がこの本に与えられた。四つの受賞作品のうちの一つである。私も授賞式に招かれたが、会場でさかんに発せられる「社会正義」という言葉にいささか困惑した。最終的には社会正義に適う本とは思うが、なにも正義感だけで書いたわけではない。浅田氏の生き方や、農水省の制度をどうごまかして自分の利益にするか、そのやり方などを面白がって書いた本である。渡辺組長との関係に対する揶揄も含まれている。社会正義を大上段に振りかぶるのは私の趣味ではない。

同年九月、第二五回講談社ノンフィクション賞を『食肉の帝王』で受賞した。副賞が一〇〇万円で、別に担当編集者の木原さんには講談社の社長賞一〇万円が贈られた。もちろん私にとって本家本元からの受賞は嬉しいことだった。

この受賞に刺激されたのか、この年の一〇月ごろ、再び私の周りでヤクザがうごめき始めた。

何ものとも知れぬ者に自宅の写真を撮られたり、宅配便を装って私の居所を探る電話が掛かってきたり、顔も知らないライターから「山口組が騒いでいるから気をつけたほうがいい」という伝言があったり。私はそのころ目立つテーマで執筆や取材をしていなかったから、私の受賞にからみ浅田に列なる山口組系の組員がなかば打診する感じでうろつき出したのかもしれない。

〇四年四月、浅田氏は大阪府警捜査二課により詐欺容疑で逮捕された。農水省は〇一年一〇月、BSE対策で屠牛の全頭検査をはじめるが、全頭検査に踏み切る前に解体、流通ルートにあった国産牛を市場から隔離するため、検査なしの買い取り制度をはじめた。

浅田氏は当時の農水族議員、鈴木宗男氏とも親しかった。彼は実質支配する南大阪食肉畜産荷受に鈴木氏の政治団体、大阪食品流通研究会を置かせ、八五年から九四年まで毎年二〇〇〇万円近い献金を続けていた。

だからか、鈴木議員は在庫国産牛肉の買い取り制度を論議する農水省の幹部たちに語気鋭く買取制度の創設を迫っていた。

「キロ二千円で買い上げたら、一万三〇〇〇トンは簡単にけりがつく。キロ一千円ならば百三十億円でけりがつく。その予算措置は江藤先生（隆美自民党衆院議員）にちゃんと、とってもらえばいいんだよ。いいか！　簡単なことなんだよ、こんなことは！　全部国が責任を持つ。国が全部引き受けると！」（当時、テレビ朝日が報じて広く知られた発言。『食肉の帝王』所収）

この結果、解体証明書を必要とせず、食肉業者に偽装を許す買い上げ制度が発足した。農水族議員の恫喝に脅えた農水省の役人も論外だったが、鈴木氏をはじめとする農水族議員も牛肉の偽装買取に大いに責任があった。

浅田氏はこの制度を悪用、輸入牛肉やクズ肉などを買い取り申請して助成金を詐取した。〇四年四月時点で六億三八〇〇万円の振込を受け、詐取したとされたが、捜査の進展でさらに増える可能性があった。

浅田氏の逮捕で『食肉の帝王』で指摘した浅田氏がらみの疑惑が法的にも裏づけられたと私は誇らしく感じた。

浅田氏は〇四年一二月、史上最高額、二〇億円という保釈保証金を払って保釈され、〇五年五月、大阪地裁は懲役七年の実刑判決を言い渡した。浅田氏はこれを不服として控訴したが、大阪高裁は〇八年三月、やはり懲役七年の実刑判決を言い渡した。浅田氏は最高裁に上告し、最高裁は一二年四月、証拠隠滅の教唆については有罪認定に誤りがあったとして大阪高裁に差し戻した。大阪高裁は一三年一二月、改めて懲役六年八月の実刑判決を言い渡し、被告の上告も棄却されて判決が確定、浅田氏は一六年一一月に収監された。

浅田氏は気の毒ながら法律上、晩節を挫かれたのだ。

渡辺芳則に対する「落とし前」

他方、山口組は宅見勝若頭が中野会に殺されて以来、無風状態に陥り、後任の若頭を決められないばかりか、若頭補佐人事も停滞した。山健組・桑田兼吉組長、芳菱会・瀧澤孝総長、弘道会・司忍会長の三若頭補佐はいずれもボディガードの若衆から発見された拳銃で、拳銃不法所持の共謀共同正犯に問われて有罪を宣せられ、動き回れる状態にはなかった。

若頭補佐の一人だった中野会の中野太郎会長は宅見事件の発生で絶縁されたが、自らは引退せず、中野会も解散せず、一本どっこで中野会を構えたままでいた。

中野会長を山口組に復縁させるのか、させないのか、中野会問題も未解決で、宙づり状態に置かれていた。渡辺組長は執行部の信を失い、リーダーシップを振るえず、腹心の部下として身近に置きたかった中野太郎を戻せず、いわばでくの坊として捨て置かれた。わずかに後藤組・後藤忠政組長が宅見事件後、若頭補佐に任じられたが、後藤組長にしても単独で力を振るえるわけがなかった。

山口組は舵を失い、組外からの外圧もなく、必要がないままるで動こうとしなかった。

これで困ったのはヤクザ専門誌だった。記事にしたくても記事にする動きがない。竹書房の「特冊新鮮組」はヤクザ雑誌ではなかったが、それでもヤクザがらみの記事をよく載せていた。そのようなとき、竹書房の常務・牧村康正さんから相談を受けた。

「新鮮組で連載できるようなネタはないですかね」

動きがないとき、無理に記事をつくるとろくなことがない。訴訟や事故を招いて危険である。

「ウーン……」と私は唸ったが、一つだけワル知恵が浮かんだ。

前に何度か触れたが、渡辺芳則が山口組の五代目組長になる前、私は渡辺の親分、山本健一の生涯について週刊誌で連載するため、渡辺に一〇回近くもインタビューした。その都度、私は渡辺の了解を得てテーブルの上にテープレコーダーを置き、彼の音声を録音した。八八〜八九年ごろのことである。

私が渡辺の口を通して知りたかったのは山本健一のことだった。しかし、たまたま若頭として五代目山口組組長になれるかなれないか、ぎりぎりの時期だったから、渡辺の頭はどうしても自分のことに向かうらしく、自分の「事績」をよく語った。当時の私にはまるで不要の情報だった。インタビューは、ときに一回が一〇時間にも及ぶことがあったから、二〇本を超すほどの録音テープが私の手元に残った。

私はこのテープが活用できないものか、考えた。何も使わずに廃棄するのは惜しい。たとえば人を食ったタイトルだが、「渡辺組長が語る山口組経営学」といった本がまとまるのではないか。彼はヤクザの組をどうしたらいいかも語っていた。それを組織論として括れるのではないか。それに渡辺は五代目組長に就いた後、いっさいメディアのインタビューなどに応えていなかった。雑誌、テレビ、新聞、どの媒体にも登場しなかったのだ。九五年、阪神・淡路大震災のとき、渡辺は山口組本部でボランティア活動する自分の姿を撮影させたが、それだけのことである。メディア上、渡辺の肉声は知られていない。希少性がある。

であるなら、私がそのテープを編集して、発表することは許されるだろう。大仰にいえば、貴重な現代史資料であり、多少、読者の需要も満たせる。もちろん渡辺には、私のインタビューでの発言者として、公表する、公表しないについて発言力や、なんらかの権利があるはずだが、私は牧村さんと相談して、いっさいそれらを無視しようと決めた。

なんといっても、私は渡辺組長の意向を受けた者に刺されたのだ。被害者であり、これまでなんら渡辺から謝罪も補償も受けていない。出す本はいわば渡辺に対する「落とし前」なのだ。雑誌に記事を書いてもらう原稿料も、本にして受け取る印税も、渡辺にはビタ一文渡さない。文句があるなら裁判にでも訴えればいい、というのが私の気持ちだった。向こうが文句をつけるなら、いい機会である。私もすかさず文句をつけたい。

牧村さんは私のこのアイデアに乗った。仮にも出版社の常務がヤバイ話に乗ったものと、いま、振り返ると感心するが、当時、私は当たり前のことを当たり前にやるだけと感じていた。だから、渡辺に事前の了解を取るとか、いっさいの手続きはカットした。黙ってテンパイ、いきなりロンと牌をさらしたい。

こうして「渡辺芳則五代目が語った『山口組経営学』」は「特冊新鮮組」の〇四年一月三日号〜同年一一月二〇日号まで二二回にわたって連載された。その間、渡辺芳則や山口組、山健組からは何も言ってこなかった。私はここで渡辺芳則を喰ったというべきだろう。

本も二〇〇五年七月、竹書房から発行された。やはり渡辺筋からは何の反応もなかった。

ほぼ同じころ、渡辺は司忍一派のためクーデター同様に山口組五代目組長の座を降ろされ、引退に追いやられた。

引退後、渡辺は神戸の背後に列なる六甲の山道を散歩コースにしていたのだろう、たまたま六甲道で散歩していた元山健組本部長・松下正夫と出会い、立ち話になった。

そのとき渡辺は、

「溝口のヤツ、舐めたことしやがって。『山口組経営学』なんて、わしに一言の断りもない。とんでもない野郎や」

と息巻いたらしい。松下正夫からこう聞いた。だが、一般人になったはずの渡辺芳則は相変わらず私に対してなんの対抗措置もとらなかった。

第十章

山健組は「事故体質」か——息子も刺された

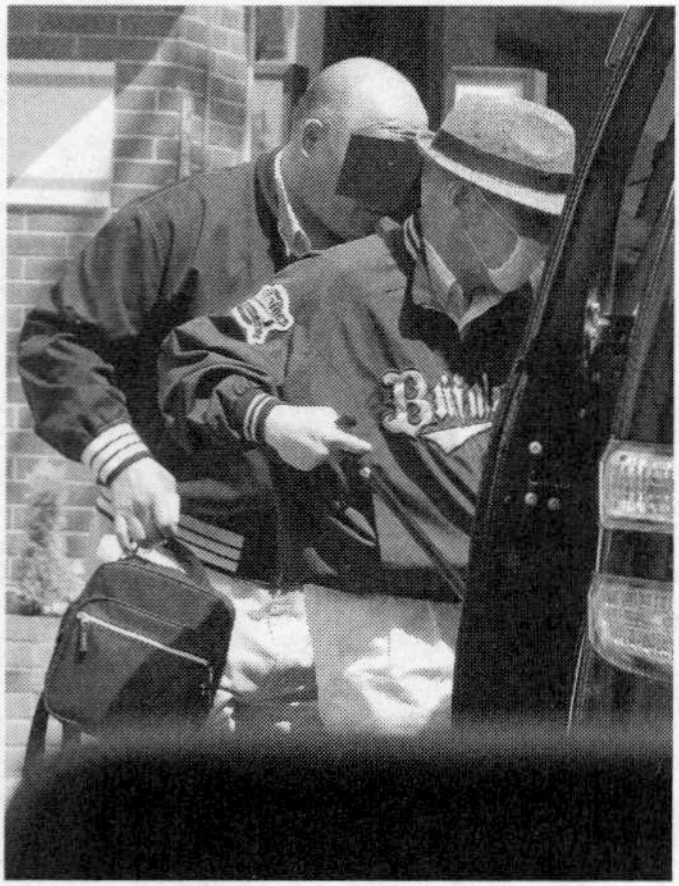

山本國春四代目山健組若頭（提供：FRIDAY編集部）

使用者責任を問う

五代目山口組の渡辺芳則組長はようやく二〇〇五年に引退したが、それまで直系組長など多くの山口組関係者が渡辺の無為無策にウンザリしていたと思う。若頭補佐も若頭も空席のまま捨て置かれ、欠員が補充されない。宅見勝若頭を殺して執行部から絶縁された若頭補佐・中野太郎を再び山口組に復縁させるのかさせないのか、渡辺に復縁させる決定権があるのかないのか、漠としてまるでわからない。

山口組はまるでエンジンや帆を失って凪の海を漂う船だった。私も山口組ウォッチャーの一人なのだろうが、関係ない私でさえイライラし、しまいにはサジを投げたい気持ちになった。

事態が動き始めたのは〇四年一一月になってからである。

山口組は緊急直系組長会を開き、岸本才三総本部長が、渡辺組長は長期静養に入るから、これからは組の運営にいっさいタッチしない、今後は執行部の合議制で組を運営していくと発表した。

渡辺が静養に入る理由として、この年一一月一二日に下された最高裁の判決が挙げられた。岸本総本部長は直系組長たちを前に、おおよそ次のように語った。

「今後、民法上の『使用者責任』が親分（渡辺組長）に降りかかってくるのは必至である。親分は一五年以上の長きにわたって山口組の運営に腐心し、組のために尽くしてこられた。お疲れもそうとうたまっている。執行部が執行部の責任の下、合議制で組運営を行っていくと決めたのはすべて親分を守っていくためである」

これは京都で発生した会津小鉄会と山口組の抗争にからみ、九五年八月、山口組側が、会津小鉄会系の組事務所に立ち寄った京都・下鴨署の巡査部長を会津小鉄会系の組員と間違え、射殺した事件において、巡査部長の妻と子ども二人が渡辺芳則組長などを相手取り、合計一億六四〇〇万円の損害賠償を求めた裁判を起こしたが、その判決に関係していた。

一審の京都地裁は実行犯と実行犯が所属する組の組長に賠償責任を認めたが、渡辺組長については使用者責任を認めなかった。しかし第二審の大阪高裁は渡辺組長が実行犯の組員を指揮監督できる使用者の立場にあった、発砲行為は組織の維持拡大に直接関わる行為で、渡辺組長の事業と密接に関連しているとして、渡辺組長にも賠償を命じた。渡辺組長は上告したが、最高裁判決は二審を全面的に追認し、渡辺組長の使用者責任と発砲行為の事業性を認め、賠償責任があるとした。

渡辺はこれで完全に敗れたわけだが、しかしこの最高裁判決が渡辺組長に「実質的な引退」を決意させるほどの迫力を持っていたかどうかは疑わしい。「使用者責任」は民法上の概念であり、それを問われたからといって刑務所につながれる話ではない。しょせんカネで解決がつく問題であり、しかもその賠償額は一〇〇人前後いる直系組長たちに分担負担させれば、渡辺にとっては痛くも痒くもない敗訴だった。まして渡辺組長は組長の座にあった一五年間で数百億円のカネを貯えたと噂されていた。

しかしこの時点で渡辺組長は山口組の運営権を手放すことを認めた。執行部は渡辺組長に最高裁判決の破壊力と影響性の大きさを大仰に言い立て、脅しスカシの説得を行ったはずである。

司—高山体制成立へ

こうして渡辺組長の引きずりおろし工作が始まった。執行部が立てた次の組長候補は弘道会（名古屋）の司忍だった。司は若頭補佐の一人であり、渡辺組長がそれまで「こいつだけは若頭に立てるな」と毛嫌いしていた男である。

司はまず自分が率いる弘道会の総裁になると同時に、かつての自分の親分、弘田武志が率いた弘田組を再興するかたちで弘田組の組長になり、それまで弘道会の若頭だった髙山清司を二代目弘道会会長に据えた。

〇五年四月、山口組の定例会で弘道会の会長に昇格したばかりの髙山清司を山口組の直参（直系組長）の一人に抜擢した。ふつう直系組で代替わりがあれば、前の組長は引退し、新規の組長だけが直参に上がる。同じ直系組から二人が直参に上がることはあり得なかった。だが、司—髙山だけはこのルールを無視、一つ組から二人が直参になった。山口組の執行部も直参連中も渡辺が組長を降りさえすればと考えたか、こうしたルール違反に目をつぶった。

その上で司忍は宅見勝が射殺された後、約八年間も空席のままだった山口組の若頭に着くと決めた。

同年五月の山口組定例会で岸本才三総本部長が発表した。

「執行部全員の賛同のもと司忍氏を推挙、若頭に決定した」

このときすでに山口組の運営から離れていた渡辺五代目組長の意向がどうであるかについては言及されなかった。渡辺は意見さえ求められなかったのだろうが、すでに執行部には、山健組の桑田兼吉組長を含め、渡辺に肩入れする勢力はなかった。

この年六月、直参になったばかりの髙山清司がまたステップを上げた。入江禎二代目宅見組組長、橋本弘文極心連合会会長と合わせ、山口組の若頭補佐に加えられたのだ。

そして七月、山口組は臨時直系組長会を開き、その席で司忍の六代目組長就任と、渡辺芳則五代目組長の引退を発表した。渡辺については引退後、山口組で新設する総裁、あるいは名誉総裁に就くか就かないか、最後まで決着がつかず、土壇場で総裁案は否定され、単なる引退で放り出された。

八月、六代目山口組は神戸市灘区の山口組本部で「盃直し」と、直系組長だけが参加する内輪の襲名式を挙行した。

組閣の眼目は組内のナンバーツー、若頭に弘道会・髙山清司会長を据えたことだった。弘道会はかつて司忍会長―髙山清司若頭の体制だったが、それがそのままのかたちで山口組本部に持ち上がり、司―髙山体制が据えられた。つまり山口組全体を弘道会色に染める準備が調ったといえる。五代目時代の懸案だった中野会問題も、山口組を離れていた竹中武が協力して中野会を解散、中野太郎会長に引退を飲ませ、無事クリアした。

山健組がつけたイチャモン

ここに来てこのように山口組が素早く動きはじめた。

私のもとには山口組や山健組の直参などから情報が寄せられ、私は居ながらにして山口組の内情を知ることになった。

一一月初旬、東京で山健組の直参に会い、山健組が抱える矛盾を種々聞いた。いわば山健組の惨状に黙っていられないとする直参の内部告発である。それを柱にして雑誌「特冊新鮮組TIMES」の連載に四ページの原稿を書いた。〈溝口敦緊急レポート第6弾司忍山口組六代目体制下の「山健組」崩壊危機!!〉という記事であり、このタイトルは編集部がつけた。

私は自分が書いた記事のタイトルづけは編集権の枠内、基本的に著作権は及ばずと理解していた。タイトルづけは編集部が記事をどう読者に売り込むか、売り方の問題であって、ライターは決定権を持たないという理解である。だから、それまで編集部がつけたタイトルに文句をつけたり、改めさせようとしたことは一度もなかった。このときもタイトルに手を入れなかった（事前にタイトルを見せられなかったかもしれない）。

このとき記事で書いた内容はおおよそこうである。

〈去年（二〇〇四年）まで「山健組に非ざれば山口組に非ず」といわれるほどの山健組が凋落をはじめた。山健組出身の渡辺芳則組長が突然引退、跡目を弘道会出身の司忍若頭に譲ったからだ。今年に入って山健組からは極心連合会・橋本弘文会長（東大阪）、太田会・太田守正会長（大阪・生野）、木村會・木村阪喜会長（松山）、大同会・森尾卯太男会長の四人が直系組長に引き上げられた。

この四人はそれぞれ組を率い、組員を抱えているから、山健組の勢力はその分、差し引かれて減ったことになる。残った山健組はこれまでの桑田兼吉組長が引退し、直系組長に引き上げられた井上邦雄組長が率いることになったが、去年までの傘下の組員七千人以上、山口組内で最大勢力を誇っていた山健組は四千人に落ち、弘道会とおっつかっつの勢力になってしまった。問題は四人の直参引き上げに留まらず、これからも山健組は山口組の草刈場になると予想されていることだ。山健組で若頭に着いたばかりの妹尾組・妹尾英幸組長（岡山）なども直系組長の候補に挙がっている〉

一一月中旬、雑誌が市場に出ると、とたんに山健組が私の記事を問題にして騒ぎ立てているという情報が飛び交いはじめた。竹書房に出入りしているライターのOが竹書房にご注進を入れ、その情報が牧村常務を通じて私に入った。また私に山健組情報を匿名で内部告発した直参からも組内で大きく問題化している、会って相談したいと連絡があった。山健組の井上邦雄組長などとパイプがある東京の事業家Cからは「なんならワシが山健組との間に入る」という電話をもらった。

私は「そういうことなら、間に立ってもらいたい」とCに頼んだ。放置しておけば、そのうち相手は忘れるというレベルの騒ぎではないと考えたからだ。

次の日、午後六時、ホテルニューオータニのゴールデンスパにCを訪ねた。Cは会うといきなり、「『山健組崩壊危機』というタイトルはないよ。現に山健組は崩壊していないではないか。これでは山健組が怒る。山健組があんたを狙って東京に出てきている。仲直りする気があるなら、ワシが中に入るよ」と言った。

「崩壊危機とは崩壊するかもしれない危機を迎えているということで、私たちは山健組が崩壊したとは書いていない」

と、私は言い訳を言ったが、山健組の立場からすれば、単に「崩壊」と取っても不思議はなく、その怒りはわからない話でもなかった。

後から竹書房常務・牧村康正さんもその場に顔を出し、明後日、神戸に行き、ひとまず幹部たちに頭を下げ、どう訂正したらよいか相談する――と、なった。

Cが「明後日、溝口さんがそっちに行くから」と山健組に電話を掛けてくれた。Cは話し合いに同席しないらしい。私にとっても、そのほうが気楽でよかった。

その後、山健組の直参が二人ニューオータニに顔を出した。一人はネタ元である。私は明後日、神戸に行って頭を下げるからと言い、「あなたにもらった情報がこんなことになった」などとは言わなかった。情報が間違っていようと、その情報を選んで書いた者の責任である。相手も心得たもので、「ワシがやった情報がこんなことになって」などとは毛ほども臭わせなかった。第三者がいたから互いにダンマリを決め込み、それこそ阿吽の呼吸で善後策を打合せただけである。

山健組執行部に査問される

二二日、牧村さんと一緒に新幹線で新神戸に行き、駅前からタクシーで神戸・花隈町の山健組本部を訪ねた。玄関先に着くと、二、三人の組員が待ち受け、「別のところで待ってますから」と、事務所に案内もせず、いきなり組の車に乗せた。行き先を伝えない。これはちょっとやばいなと思ったが、いまさらジタバタできない。私も牧村さんも押し黙ったまま、しばらくの間、車に揺られていた。

と、着いたのは、新神戸駅隣のオリエンタルホテルのラウンジだった。ラウンジにはおそらく山健組の組員たちだろう、若い男たちがごろごろ屯して私たちに険しい目を向けた。思わず敵地に乗り込んでいるような気持ちになった。

奥に待機していたのは山健組若頭の妹尾組・妹尾英幸組長、健國会・山本國春会長、そしてもう一人オギノとか名乗る人物だった。

山本國春は終始、不機嫌な顔つきで、言い分は強硬だった。私の第一印象は「嫌な奴」だったが、後で山本國春は世間で案外評判がよいと知った。「物のわかった人」というのだ。

「記事の内容全部が気に入らないが、とくに『山健組崩壊危機』というタイトルが気に入らない。山健組が弱体化しているわけではない。だいたいカシラの妹尾さんは本人が言う通り、誰から命じられても、これからも山口組の直参にはならない。本人がはっきり言うのだから、『直系組長の候補に挙がっている』もない。直系組長になる可能性は百パーセントないのだ。

五代目から六代目に代わるとき、クーデターに近いことをやったという記述、中野太郎と渡辺五代目が電話で話したテープがあるらしいといった記述。問題が多すぎる記事だ」

私は彼の話が終わると、鄭重に答えた。

「この記事は私の連載です。だから次号で訂正記事を出してもいい。しかし訂正記事だと小さいし、目立たないから、次号の私の連載記事のなかで訂正したい。しかし、次号の連載で山健組について書く材料がなければ山健組について触れることができない。たとえば、東京の山健組について何か特筆大書すべき材料があれば、それを扱うなかで、今回の記事で問題がある部分を訂正し、あるいは削除できる。その部分については活字になる前、事前にお見せして山健組の了解を取る。できればそうしたい。一番いい方法だと思う」

連載での訂正は編集長の了解を取らずに、私の独断でできる。その上、別枠で「訂正」を掲出しなければならない不体裁からも免れられる。私はできるだけ謝るとか、お詫びするとか、訂正するとか、暴力団に安めを売るような真似はしたくないと考える性格である。こういう奴らにペコペコしてたまるかと内心感じている。

書き手にとって、書かれた者からの抗議はある意味、取材網を広げるチャンスである。まして東京圏に進出している山健組の組員数は千人の単位といわれるが、全体像はまるで不明だ。知る価値はある。

山本國春や妹尾英幸は私が出した案を飲んでくれた。山健組には関東統括委員長という役職がある。山健組舎弟の荒木一之・兼一会会長がその任にあったが、山健組はこの荒木を立てて、取材に応じさせるという。

こちらとしては文句のない解決法である。私と牧村さんは立ち上がり、深々と礼をして、ホテルの出入り口に向かった。と、妹尾若頭が追ってきて、私の肩に手をやり、抱きかかえるようにして耳元で囁いた。

「あんたにうちのネタを提供したのはだれ？　ワシだけにこっそり教えてくれんか。うちの直参か」

「いや、それだけは商売柄言えないことになってるんです」

「じゃ、東京の人間か？　それとも大阪の人間か？」

ネタ元は東京と大阪、神戸の間を組活動や事業のため行ったり来たりしている現役の直参だったが、私は「関西の商売人ですよ」と答えた。その直参は事業家でもあるのだ。だから必ずしもミスリードしたわけではない。これだけで人物を特定するのは不可能である。

「若い者が何をするかわかりませんよ」

神戸行きの後、二日置いて新宿のヒルトンホテルで兼一会・荒木一之会長に取材し、次号の原稿を書き、竹書房の牧村さんに電子メールに添付して送信した。もちろん前号の訂正すべき部分については、しかるべき手当をして山健組との約束は守った。

竹書房は私の書いた原稿を山本國春にファックスで送信したが、山本國春からは何の回答もなかった。二七日、山健組の永野一雄から牧村さんに再度訂正を申し入れる電話があった。永野は山本國春の「若い者」であり、山口組の四次団体に相当する國竜会の会長だった。後で知ったことだが、多少パソコンができ、山本國春会長の秘書的役割を果たしていた。

永野はこの日、東京八重洲の富士屋ホテルに来るらしい。私は牧村さんと永野が会う前に打ち合わせしようと富士屋ホテルに出かけ、永野には原稿の全文を見せないほうがいい、訂正箇所を箇条書きにして、これこの通り変えたんだと示したほうが抵抗がないのでは、と注文をつけた。

私が牧村さんと別れた後、永野が矢野某という得体の知れない人物を伴って富士屋ホテルに現れた。永野は全部気に入らない、全部書き直せと牧村さんに息巻いたようだ。牧村さんは、溝口さんと話し合ってからお電話すると答えて、話し合いを終えた。

私は牧村さんから永野のこのときの様子を聞き、「そんな注文をつけるんではまとまる話がまとまらなくなる、大幅な書き直しなんかに応じられない」と考え、その旨、牧村さん経由で永野に伝えた。永野は「書き直しに応じられないと言うのなら、若い者が何をするかわかりませんよ」と凄んだという。

私と牧村さんは話し合い、結局、私が書いた原稿通りに次号の「溝口敦緊急レポート」第七弾として〈東京の「山口組」進出最前線詳報!!〉を載せ、発売した。山健組側は私が書いた第七弾に目を通しているはずだが、何も言ってこなかった。たぶんあの程度の直しでよかったのだろうと私は楽観的に考えていた。

同じころ永野らしき男から私の携帯に電話があった。私はちょうど私鉄の駅にいて周りが騒がしく、名前がよく聞き取れなかった。

私は永野とは一面識もない。いきなりだれかわからない人間から電話を受けて面食らった。彼は「物故したヤクザ者の戒名を知らないか」と言い出した。私は自分の親の戒名さえ知らない不信心者だ。ヤクザの戒名など知るわけがない。

だが、電話を受けるうち、山口組組長についたばかりの司忍が「温故知新」とか言い出し、山口組歴代首脳の墓を大切に守るなど、懐旧趣味に駆られていることを思い出した。永野らしき男が戒名云々と言い出したのは司の注文に少しでも応えたいという、お上手したい気持ちがあるからだろう。

私は山健組ともあろう組がそこまで司組長におべっかを使う必要はなかろうと感じた。意外である。しかし、二、三年前、東亜友愛事業組合の元幹部に「もう要らないから」ともらった『任侠大百科』（日本任侠研究会編、藤田五郎取材執筆）を思い出した。

分厚い大判の本で、一冊の定価が一〇万円もする。これを藤田から押し売りされた大物ヤクザは多いと思われるが、とにかくこの本は重く、場所を取る。だから邪魔になり、私のような者にもタダで贈られることになる。この「百科」には一部戒名も記録されている。私は「任侠大百科を参考にすれば」とこの男に教えた。

抗議電話に逆ネジを喰わせる

こんな風だったから、山健組からの強風は収まったように思えた。私は一時神経がピリピリしていたが、なんとか解放された気持ちになった。だが、またまた同じ山健組との間に問題が持ち上がった。

〇五年一二月一日、私は「月刊現代」の一月号で「六代目山口組・司忍武闘派知将の素顔」を書いた。なにか阿《おもね》るようなタイトルで私は好きではないが、当然、これも編集部がつけたタイトルである。

同月三日、この記事に対して、やはり山健組と名乗る者から電話でクレームがついたという。電話に出たのは担当してくれた編集部の柿島一暢さんで、山健組は強硬に抗議し、訂正を求めているらしい。電話の内容を私に伝える柿島さんの声は震えていた。

柿島さんは『山口組四代目　荒らぶる獅子』など、私の旧作を講談社＋α文庫に数多く収録してくれた人である。学生時代は新宿の昭和館で任侠映画ばかり見ていたらしい。ヤクザには通じているはずだが、直接、ヤクザから抗議を受けて恐ろしく感じているようだ。

私は柿島さんに「そういうことなら、私が向こうとの窓口になります。電話を掛けてきた者にその旨伝えて、私の携帯の番号を教え、溝口に直接電話するよう言ってください」と答えた。

また山健組か、私はウンザリしたが、身に降りかかった火の粉は払わなければならない。

三日の夕方、私は出版社のパーティーに出ていたが、その席で携帯電話がぶるぶる震えた。知らない番号である。出ると「山健組の者」だという。私はいま、会合中だから、明日一〇時、私のほうから電話に表示してある番号にお電話したいと答えた。

次の日の朝一〇時、私は自宅から電話した。

「私が書いた記事のどこが問題なのですか」と聞くと、山健組を名乗る者は、「渡辺前組長が土下座せんばかりにして総裁に就けてくれんか、と命乞いしたという文章です」という。

私はこの男と話すうち腹が立ち、反撃を始めた。

「何言ってるんだ。渡辺―司の交代劇はクーデター同然に行われたと県警や一部のメディアも認めている。あなたは当事者でないだろうから、渡辺組長が代替わりを承諾する現場に居合わせたわけではないだろう。それとも居合わせた者から、直接話を聞いたのか。そうでないなら、私が書いた記事が間違っていると、どうして言えるんだ。あんたが根拠もなくそういうことを言い張るなら、そっちこそ問題ではないか」

私は語気荒く先方に逆ネジを喰わせた。あげく、

「この件は私が窓口であり、責任者だ。記事は訂正しない」

と、言い切った。

先方は「朝からそうカッカせずに」と私をなだめた。相手のほうが世間慣れしている。

しかし、経験で言うと、先にこっちがカッカして、相手がなだめるようだと、その後の展開はおおむねこっちにいい場合が多いのでは、という気もする。そのかわりカッカして言い過ぎ、引っ込みがつかなくなる危険もあるわけだが。

「そうだろう。根拠のはっきりしない話で訂正して、またまだれかに抗議され、再訂正という場合がある。そんな不体裁で無責任なことはできない」

言った後、自分でもちょっと愛想がなさすぎる言い分だなと思い、少しばかり手心を加えた。

「これに書いた文章もいずれ単行本に収録されるだろうから、そのときには表現を弱

めるなり、あるいは当該部分をカットするなり、配慮しますよ。ところであなたは竹書房の牧村さんにも会った人か。あのときあんたは牧村さんに名刺を出していないようじゃないか。どういう身分で訂正しろと言っているのか」

「山本國春の若い者で、永野一雄といいます」

「そうか、あんたが私に電話してきて、ヤクザ者の戒名を教えろと言った人か。それと月刊現代の編集部にも電話してきた。あんたが電話するだけで怯える人もいるんだ。編集部の慣れてない人に気軽に電話してくれるなよ」

「そうでしたか。それは失礼した」

と、永野は答えた。

「まあ、今度あんたが上京したときには私に連絡してよ。飯でも一緒に食おうじゃないか」と誘ったところ、永野は、

「ぜひ、そうさせてもらいます」

と答え、二人の間のやり取りは終わった。

私が神戸に出かけたのは一月ほど前のことである。山健組の妹尾英幸若頭や健國会・山本國春会長と話し合ってきたばかりだ。そのときは雑誌「特冊新鮮組ＴＩＭＥＳ」の問題だったが、続く今回の「月刊現代」の問題も私の中ではひと続きの同じ問

題に思われた。だから永野一雄への電話で「月刊現代」問題は片付いたと誤解した。

押しつけられた現金一〇〇万円

一二月五日、山健組の兼一会・荒木一之会長から「会えないか」という電話があった。東京圏での山健組の動きを教えてくれた人である。私は別のネタでも提供してくれるのかと思い、二つ返事で「たいていの日、都合をつけますから」と答えた。

結局、七日、昼一時半、新宿ヒルトンホテルの喫茶室で会うことになった。その旨、牧村さんに伝えると、牧村さんも同席すると言い出した。

七日、予定通り出かけると、荒木会長はまずテーブルの上に月刊現代のコピーを置いた。ページの一部がボールペンで丸く囲まれている。「この部分を直せるか」と荒木は言う。

私はえーっ、またか、と思った。永野との電話で話し合いはついたのではなかったのか。

しかし、山健組とすれば、側近である井上邦雄組長が渡辺組長を守り切れなかったから、渡辺が引退するハメになったと、読者にとられるのは絶対に避けたいところだろう。そのために私が書いた記事を放置できない。

だが、私が交代劇の真相に迫るためには、渡辺がクーデター同然に山口組を追放されたという事実の指摘は曲げられない。山健組のイメージを考えて、山健組に関する出来事で妥協するわけにいかない。もともと山口組の組長は歴代、終身制を通してきたから、組長存命中の交代は仮にクーデターでなくても、不自然なのだ。外部の強制力がなければ交代はあり得ない。

私は五代目から六代目への移行にクーデターを確信していた。こうした情報は山口組の直参からもたらされた。私は大阪で取材用にホテルの一室を借り、そこに直参がこっそり訪ねてくるという用心に用心を重ねて、この情報を入手している。この直参はもともと山健組の出身で、五代目時代に直系組長に抜擢された。取材時にもなお山口組執行部や山健組とのパイプを維持していた。

山健組では井上邦雄組長だけが真相を知っていようが、井上に都合の悪い情報を山健組の幹部層に拡散させることはあり得なかった。井上としては逆に情報を隠したい。

私はこのとき荒木会長に次のような理由を並べて訂正を断った。

「残念ながら、これは単発の記事であり、連載で書いたものではありません。だから次号で私が簡単に訂正するわけにはいきません。訂正を打つためには編集長を説得して、訂正広告を出す決断をしてもらわなければならない。訂正したらしたで、それを見た者が山健組からの圧力を感じるでしょうし、何かと面倒です。本にするときに問題部分を削除する、あるいは内容を手直しするってことでどうでしょう」

要するに何があっても訂正したくないのが私の本音だった。山健組に抗議されたからといって、訂正する必要性はない。

テーブルの対面に座る荒木会長は携帯電話を取りだし、電話を掛け始めた。

「カシラ、いま、溝口に会うてます。溝口の奴、訂正を出さない言うてます。ワシがこれから溝口に飲ませ、食わせ、カネを渡して丸め込みますから、カシラ、そいでええでっしゃろ」

と、私に聞こえよがしに、大声で言った。

たぶん妹尾若頭に電話したのだろう。妹尾は、勝手にやれとでも言ったのか、荒木は私をうかがい見た。

「今日、予定はどうなってる。飯でも食おうやないか。ワシの遊びいうたら派手やぞ」

私と牧村さんにはその日の夕方、予定が入っていた。断ると、荒木はお付きの若い者にうなずいた。お付きはすかさず持参のブリーフケースを開け、金融機関の帯封で巻いた札束を取り出して荒木に渡し、荒木がそれを私に押しつけた。

「持っていけ」と言う。

「私の仕事はカネを受け取ったらお終いになる。カネだけは受け取れない」

私は慌てて札束を荒木のほうに押しやった。

荒木が大声を出した。

「ヤクザがいったん出したものを引っ込められるか。冗談じゃない。飲むのにつき合うか、カネを受け取るか、二つに一つや」

私と牧村さんは荒木に押し切られ、飲み食いのほうを選んだ。

だが、一つを選んだことでカネを返そうとすると、荒木は言い分を変えた。

「いったん出したカネはワシのものやない。要らんいうなら、ワシがここでばらまくぞ」

札束は厚さからいって一〇〇万円ぐらいだろう。私は一〇〇万円が喫茶室に放り投げられ、ひらひら舞い落ちる様子を想像した。拾い集めるのがそうとう面倒くさい。

「では、ひとまずお預かりします」

私は札束を取り、同席する牧村さんに渡した。しばらく彼に持っていてもらう。

荒木が言った。

「今日はつき合ってもらうからな」

どうせ一〇〇万円は返さなければならない。荒木会長と飲んでいるうちに返すチャンスも生まれるだろうと考えた。

いったん別れ、五時半、築地の、鶏の水炊きで知られる「治作」に行くとなった。私は牧村さんと相談し、荒木の親分である山健組・井上邦雄組長がこのころ六代目山口組の若頭補佐に取り立てられたことに引っ掛け、井上へのお祝いとしてのし袋に一〇〇万円を包み、「若頭補佐就任、おめでとうございます」と差し出せば、角を立てずに返せると踏んだ。

私と牧村さんはこの日、荒木に「治作」と銀座のクラブ三軒ほどを引き回された。彼はクラブ各店の女性を同伴で呼んでいたのか、一行は子分や女性など七人ぐらいの集団だった。それに私と牧村さんの二人で都合九人。荒木は店を替えるたび、女性たちや店の従業員に湯水のように一万円のチップを配っていた。

この夜、荒木が使ったカネはおそらく二〇〇万円を越えるだろう。顕示的消費である。私や牧村さんがお返しできる額ではない。

「治作」で食事が始まる前、作戦通り、「このたびはおめでとうございます」と祝い袋を差し出すと、荒木は「それはどうも」と相好を崩して受け取ったが、すぐカネの返却が目的と気づき、「冗談じゃない。こんなもの受け取ったら、ワシが親分に怒られてまう」と不機嫌な顔になった。

そのため後日、牧村さんと相談の上、一〇〇万円で高島屋の一万円のカード一〇〇枚を買い、チップに使ってくれろと牧村さんに書留速達で郵送してもらった。私は私でご馳走になったことの礼を言い、一万円のカードは女性たちへのチップに使ってくれろと鄭重な礼状を書いた。

荒木はこれを黙って受け取ってくれた。荒木会長は組にクレームをつけた私を、逆に接待する、ふつうではあり得ない奇妙な対応をした。しかし、私は彼の接待につき合ったことでこの問題は解決と受け取り、一安心していた。

現場で携帯電話を落とした実行犯

年が変わって二〇〇六年の一月八日、立川の自宅にいると、三鷹に住む息子から電話があった。息子はそのころ三三歳、独身だが、三鷹で自活していた。

〈今日、午前一〇時過ぎ、住んでいるアパートを出て道を五〇メートルほど歩くと、だれかが後ろから無言のままドスンと自分に体当たりしてきた。思わず前につんのめるほどだった。男は自分に体当たりした後、近くの神社の垣を越えて境内に入り込み、逃げていった。男の顔は見なかった。しかし、その後ろ姿の走りぶりから、四〇~五〇歳ぐらいの男だろうと思った。

一瞬、何が起きたかわからず、その場に立ちすくんで男の姿を見送ったが、右の尻辺りに鈍い痛みを感じ、体をひねって尻の辺りを見た。と、ズボンの尻のポケットの下側が三センチぐらい切れていることに気づいた。ポケットには二つ折りの財布を入れている。それを取り出してよく見ると、財布の角が三センチぐらいざっくり切れていた。

と、尻のあたりに見る見る赤い血が滲んできた。中に入れていたクレジットカードも二~三枚鋭く切られていた。

もし財布をポケットに入れていなかったらと思い、ぞっとした。それで自分の携帯で一一〇番した〉

というような電話だった。

私は最初、息子の話を聞いても、山健組とのいざこざが息子に飛び火したとは思わなかった。息子自身の問題が何かあったのだろうとノホホンと構えていた。

だが、その後、昼二時半ごろ、また息子から電話があった。

〈男は逃げるとき神社の境内に携帯電話とライターを落とした。警察が境内を調べ、携帯などを拾い、携帯の中身を調べたところ、履歴や連絡先にオヤジとか兄貴とかどうも暴力団の臭いがする情報が含まれていた。警察に溝口の携帯電話の番号を教えてもいいか（と言うので、もちろん教えてくれていいと答えた）。今回、刺されたのはお父さん（私）の仕事の関係ではないか〉

この電話で私も山健組が私の代わりに息子を刺したと、ほぼ確信した。

私の仕事とは何の関係もない息子を、私の息子だという理由だけで刺す。とんでもない奴らだと私は思った。やり口が陰湿で、暴力団の風上にも置けない。

実行犯は暴力団のくせに、現場で携帯を落とすなどお粗末すぎるミスをおかした。捜査が進み、実行犯や上に列なる者が逮捕され、事件がある程度わかって来たら、組長の使用者責任を問う裁判を起こしてやる、と私は思った。

私は自分が刺された事件でわかっている。刑事的な突き上げ捜査には限界がある。携帯電話を落としている以上、実行犯は逮捕できるだろうが、問題はその後である。実行犯が組のだれから指示、命令されたか。自供するか、それとも自供しないか。自供して上の人間が浮上し、その者を逮捕し、その者の自供でさらに上の人間を逮捕する。組員は自供しても何もメリットがないから、黙秘を通す場合が多いだろう。だから突き上げ捜査により殺人や傷害を計画し、教唆した者、命令した者を逮捕するのは難しい。つねにといっていいほどだが、もっとも憎むべき上の者は逮捕・収監されることがない。

これに対し民事の「使用者責任」という法概念を使った民事訴訟では、首脳部の責任をいきなり問える。しかもその者から損害賠償金を取ることが可能なのだ。被害を受けた一般人が暴力団に民事訴訟裁判をぶつければ、ほぼ百パーセント勝てる。私はそう信じていた。

私は息子に謝った。

「俺のとばっちりでケガさせて悪かったな」

「あまり気にしてないよ。たいしたケガじゃないし」

と、息子はあっさりすましてくれた。

「奴らに裁判かませて、カネとってやるからな」

「それはいいね」

息子は頷いた。

二月三日、息子の事件を所管する三鷹署に呼び出され、事情聴取を受けた。担当した警部は「失礼な言い分だが、我々にとっては絶好の事件だ。単に実行犯を捕まえるだけでなく、組織の壊滅を目指して頑張る」と言ってくれた。力強い言葉だが、果たして実現できるかどうか。

私は息子が受けた刺傷事件をだれにも洩らすことなく、実行犯が逮捕されるのをじっと待つことにした。

二月二〇日、警視庁の記者クラブで漏れたのだろうが、TBS、日本テレビ、読売新聞、週刊文春などから息子の刺傷事件について問い合わせの電話が続いた。どのメディアに対しても、私は、「犯人の逮捕を待たなければならない立場だ。捜査の妨害になるようなことは話せない。取材は断る」と答えた。

三月一日、NHKのI記者に会い、「三鷹署はすでに実行犯二人を特定しているが、居所不明で逮捕できないでいる」といった情報を教えてもらった。しかし、この記者にも即時の報道は待ってくれるよう頼み、納得してもらった。

六月一日、NHKのI記者から電話があり、「警視庁が息子さんを刺した犯人二人を逮捕したようだ。昼一時のニュースで流していいか」と聞くので、「それはありがたい。どうぞ流してください」と答えた。

その後からじゃんじゃん私の携帯電話が鳴りはじめた。私は電車に乗ろうとしていたので携帯の電源を切った。高田馬場で降りて喫茶店で別件の取材をこなし、その後、携帯電話の電源を入れると、取材の申し込みがボンボン入って来た。歩いて仕事場に行くと、マンションの入り口で待っていたのか、毎日新聞の記者に声を掛けられた。記者と一緒に一二階の自分の仕事場に向かったが、ここでも記者が待ち受け、全員に室内に入ってもらった。読売、サンケイ、テレビ朝日、TBSなど。ちょっとした記者会見のようになった。

こうしたメディアは一様に被害者側に立ち、加害者の暴力団の非道を非難する論調でニュースを報じてくれた。

「徳島グループ」の結論は「この際やったれい」

二日、弘道会・司興業の森健司組長から電話があった。彼とは、名古屋在住のライターN氏の紹介で知り合ったばかりだったが、山口組の髙山清司若頭などについて、身近にいる者しか知り得ない話を披露してもらい、取材面で助けられた。司興業は山口組の司忍組長が創設した組で、森組長は司組長の腹心といっていい大幹部である。

ヤクザに入る前、中京大学で応援団に所属していたらしい。男前で背丈もある。人によっては森組長を映画『レオン』の監督リュック・ベッソンか、あるいは仏俳優ジャン・レノに似ていると言う。褒めすぎと思うが、カッコいいヤクザであることはたしかだろう。話も一つの筋を追ってとり散らかさず、私も彼に好感を持っていた。

森組長は言った。

「うちの親父が家族思いで、かつ溝口さんとも雪解けにもなっているので、犯人が家族を傷つけたということを気にしている。一体、どういうことなの？」

おそらく「雪解け云々」は特冊新鮮組か月刊現代の記事を指しているのだろう。山健組とは違い、弘道会は私の記事を好意的に受け取ってくれたようだ。

ここで「うちの親父」とは司忍組長のことではなく、髙山清司若頭（弘道会会長）を指すと理解した。

別に隠すことでもないと考え、私は井上邦雄、その下にいる健國会・山本國春、その下の永野一雄などについて、おおよそのいきさつと動きを森組長に伝えた。話しながら、髙山若頭がこの件に関心を持ち、内部監査か何かで井上邦雄を咎めるかもしれない。そうなればいくぶんか私の腹の虫も納まるな、と感じた。

同じ二日、山健組舎弟の荒木一之会長が息子の事件を気にして、牧村さんに電話を掛けてきたと牧村さんから聞いた。私は荒木会長が前もって息子への攻撃計画を知った上、目くらましで私たちを接待漬けにした、とは思っていない。両者はまるきりの別ルートだと考えていると荒木会長に伝えてほしい、何なら自分で電話するから、と牧村さんに伝言した。

一五日、私に情報をくれている山健組の直参と赤坂の全日空ホテルで食事した。彼は、自分は山健組を代表する立場ではないが、息子さんの刺傷事件はヤクザのすることとして言語道断だ、深くお詫びすると言ってくれた。

ヤクザのなかにも物のわかった人は何人もいる。私の人脈はそういう人たちに恵まれているのかもしれない。

この直参は山健組の内部事情を話してくれた。

山健組のなかに「徳島グループ」がある。かつて徳島刑務所に服役経験のある者たちがまとまって大きな顔をしている。その代表が組長の井上邦雄で、井上は徳島刑務所第八工場の洋裁、ミシン係の班長だった。健國会の山本國春もその一人で、彼らは対外的に問題が起きると顔をつき合わせて相談し、結局は「この際、やったれ」が結論になるという。何かというと、暴力的に問題を解決しようとするのだ。

その代表例が二〇〇七年五月に発生した多三郎一家・後藤一男総長刺殺事件である。後藤総長は山健組の舎弟頭補佐で名古屋を地盤にしていた。後藤は公然と髙山清司若頭を批判し、そのことは髙山の耳にも入っていた。おそらく井上邦雄は髙山から注意されたのか、井上にとっての不利益情報を消し去るべく、また山口組本家での若頭補佐という役職や処遇を守るため、自分たちの仲間であるにもかかわらず、後藤総長の刺殺を山本國春に耳打ちして健國会に実行させた。後藤総長は刺殺され、死体は新神戸駅に近い路上で発見された。

これより後のことになるが、二〇一〇年、山本は組織犯罪処罰法違反で兵庫県警に逮捕され、二〇一四年一月、大阪高裁は懲役二〇年の判決を山本國春に言い渡した（二〇一五年六月に最高裁が上告棄却して確定）。かくて山本國春は後藤総長刺殺事件で一線を去り、健國会は解散の憂き目を見た。

山健組の直参はまた、永野一雄が健國会から抜擢され、山健組の直参（直系組長）の一人に選抜されたと教えてくれた。私が「飯でも食おうよ」と飲んでかかった永野は、果たしてその後、どのような功績を挙げたのか。

息子の傷害事件もこうした井上邦雄―山本國春のラインで計画が進み、実行されたと推測される。

七月には実行犯に息子への刺傷事件を指示した容疑で上部団体に所属する元組員が逮捕された。芋づる式にさらに上部までたどれれば面白いと思ったが、どうやら追及捜査はここまでのようだった。

七月一二日、日本ペンクラブに呼ばれ、言論表現委員会に出席した。私はペンクラブの会員ではなかったが、ペンクラブが息子の事件で声明を出してくれるという。私にとっては心強いことで、ペンクラブに入会することにした。

同月二一日、特冊新鮮組の件で山健組との間に立ってくれた実業家と六本木で会った。彼は自分が間に立って、こういうことになり、大変申し訳なく思っている。山健組の出方はじつに遺憾だ。こうなったら山健組を民事で訴えるべきではないかと助言してくれた。もとより私も民事で訴えるつもりだった。

第十一章 弘道会最高幹部との対決——「細木数子　魔女の履歴書」

高山清司六代目山口組若頭

後から参戦した「週刊文春」

二〇〇六年三月、講談社の加藤晴之さんに会ったとき、彼から「細木数子について四回ぐらい連載できないか」といわれた。彼はこの年二月、「週刊現代」の編集長に就いたばかりだった。

細木数子に特別関心があるわけではなかった。何か目障りな女がいるなぐらいの認識で、テレビで彼女が登場する番組に出合うと、チャンネルを替えていた。彼女を見る気がしなかったのだ。

しかし考えてみると、彼女の存在を無視していいものではない。占いの類には信用を置かないが、かといって嫌うだけで、彼女の当たらない占いや強迫的な言辞を放置していていいわけがない。細木数子は社会に大きな影響力を持ち、彼女の信者は多数に上っている。

私は加藤さんの提案を受け入れ、彼女について書くことにした。担当の編集者は同誌編集部の片寄太一郎さんと決まった（途中で人事異動のため木原進治さんと交代）。編集部の力も借り、細木とその周辺の下調べに入っていった。と、彼女にからむ人騒がせな話がボロボロ出てきた。単に彼女の人脈がヤクザ世界に広がっているというだけでなく、彼女自身がほとんど女ヤクザだった。彼女の伝法な物言いはヤクザ的というより、ヤクザであることに発する語り口だった。

この分だと毎号四ページの記事四回分では、細木のことはとうてい書き尽くせない。せめて一〇回分の連載は必要だと編集部に話し、加藤さんの了解を得た。

当初、連載は必ずしも細木批判を意図したものではなかった。事実を掘り起こし、淡々と客観的、中立的にリポートできればと考えていた。だが、連載が開始される前から細木数子は、私たちからの取材申し込みに対し、弁護士を通じて取材を拒否し、「名誉毀損などの部分があれば、そのときはまた対応する」などと牽制球を投げてきた。

私は「週刊現代」二〇〇六年五月二〇日号から一四回にわたって「細木数子　魔女の履歴書」を通しタイトルとする連載をはじめた。

だが、細木は何を血迷ったかすぐ「週刊文春」六月一日号誌上に「『魔女の履歴書』週刊現代への大反論　ここまで語るか細木数子『わが生涯』」と題するインタビュー記事を掲載しはじめた。私たちに対し戦意ギラギラの対決姿勢である。

私も細木の「大反論」に目を通したが、どこが大反論なのか小首を傾げた。細木の意に反して、おおむね私の連載が正しいと証明してくれるような内容だった。連載の二回目を出したあたりで、細木の側近でもあるのだろう、女性誌の編集者から「細木が名誉毀損で週刊現代を訴えると言っている。それについてコメントがほしい」と言ってきた。

そうか、細木は裁判をぶつけてくるのかと覚悟したが、だからといって細木に脅威を感じることはなかった。

私は連載の四回目（六月一〇日号）で「細木数子は暴力団最高幹部に私の原稿つぶしを依頼した」を書いた。

誌面では組織の名や幹部の名、役職名などは伏せたが、暴力団の元職と現役が私に「記事を書くな」と言ったのは事実だ。私は彼らと決定的な関係悪化を避けるため誌面では匿名を通したが、細木側は裁判のなかでその名を明かせと要求してきた。名を伏せたままでは迫力と説得力に欠ける。私の作りごとと思われる。

私は自衛上、心ならずも裁判所限定で彼らの名を明かした。ただ裁判がはじまる前、裁判官を交えて両者が話し合う争点整理の段階だったから、第三者やメディアの傍聴や立ち会いはない。世間に暴力団幹部の名が知られることはないと踏んだ。

だが、暴力団側は私が世間に名を公表したと錯覚したのか、その後、私を敵視して悪しざまの陳述書を寄せてきた。

そのためここではわかりやすさを考え、組織名も個人名も実名で記述する。二人のうち一人は鬼籍に入り、もう一人は現役だが、私が記す事実に左右されないほどの地位を確立している。ここに記す出来事は一五年も前の話である。もう「時効」になっていよう。読者は私が執る実名措置を了とせられたい。

元住吉会会長補佐の掌《てのひら》返し

暴力団とのいきさつは具体的にはこうである。

二〇〇六年四月二四日の午後三時、私は虎ノ門のホテルオークラで元住吉会の金子幸一氏（二〇一六年没、享年八五）に会った。通称がバービーとかバンビとかいう有名人で、芸能界に人脈が広いらしい。

前日、私が電話で若い時代の細木数子について教えてもらいたいと申し込むと、金子氏は快諾し、この日の取材となった。私は金子氏と初対面であり、金子氏が私に渡した名刺には、「住吉会会長補佐　住吉一家家根弥《やねや》八代目総長　金子幸一」とあり、黒色のボールペンで肩書き部分が消されていた。金子氏が言うには、

「いまは現役を退いたが、新しい名刺を持たず、古い名刺で代用している。そのためこれで勘弁してくれ」

こういう金子氏について、「広域暴力団の元最高幹部」と表現することは不自然ではなかろう。

金子氏は一九五八（昭和三三）年から一九六四（同三九）年まで服役していたとのことで、当時、細木数子がバーなどを営んでいた新橋、銀座時代を知らず、それ以前、細木が一〇代のころを過ごした渋谷の記憶も薄く、あまり参考になる情報を持っていなかった。

私は渋谷百軒店の細木の生家が簡易・安直な座布団売春の店だったのではないかと疑い、金子氏に当時の模様を話してくれるよう頼んだが、金子氏はそのころ渋谷で遊ぶことが少なく、確たる情報を持っていなかった。そのため私は細木の渋谷時代をよく知っているはずの住吉会現役幹部のＩを紹介してくれるよう頼んだ。金子氏はＩを紹介することを確約してくれた。

翌四月二五日、金子氏の態度は豹変した。

私はこの日、立川市内にある自宅を出て、午後二時ごろ、西武新宿線の高田馬場で山手線に乗り換えようとした。そのとき金子氏から私の携帯電話に架電があった。金子氏はこう言った。

「あんたの取材を受けた後、あんたから取材があった、と細木に電話した。細木の家が（芸者）置屋みたいなことをしていたのは事実だけど、自分はパン助みたいなことはしてないと細木は言っていた。細木はそこまで認めてるんだ。どうだろう。あんたがいまさら細木について二番煎じ、三番煎じのことを書いてもしょうがないじゃないか。細木は悪いことをしていないよ」

金子氏はぬけぬけとこう言った。

私は答えた。

「私の一存で決められる話ではないし、編集部に諮らなければならない。それに電話でお話しできる内容でもない」

「書かないほうがいいと思うけど、どうしても書くというなら、細木を擁護するように書いてくれないか。そのほうがお互いのためだ」

金子氏はなかば恫喝するようにこう言って電話を切った。金子氏との電話のやり取りは四〜五分だったろう。これで金子氏に頼んだIを紹介してくれる話も吹き飛んだ。

おそらく細木は金子氏から電話を受け、溝口が細木について取材を進めていることを知った。その上で金子氏に「連載を中止させる方向で動いてくれるよう」依頼したのだろう。だから金子氏は次の日、私に「書いてもしょうがない」「書かないほうがいい」と、わざわざ自分から溝口に電話したのだろう。

正直、私は金子氏の言葉に脅えることはなかったが、人によっては元職とはいえ、住吉会の名に強い圧力や恐怖を感じるだろう。間違いなく細木は暴力団を使って、私に「書くな」と言ってきたのだ。

弘道会最高幹部とのいきさつ

もう一人の暴力団幹部は前章で登場した弘道会の司興業・森健司組長である。彼が細木にからんで来るいきさつはこうである。

四月二四日、森組長から溝口の携帯電話に架電があった。用件らしきものは、山口組の若頭補佐の一人、芳菱会の瀧澤孝総長（二〇一八年没）がたったいま、大阪高裁の判決で無罪になったということだった。彼は私に何もはっきりとは言わなかったが、彼の真意は瀧澤無罪判決というニュースをどこかで記事化できないかというものだったろう。

瀧澤総長は配下のボディガードが拳銃を所持していたことで、拳銃不法所持の共謀共同正犯に問われ、一九九七年一一月に指名手配され、二〇〇一年に逮捕された。二〇〇四年三月、大阪地裁で無罪判決を受け、この日の高裁判決でも無罪判決を受けたわけだ。

私は暴力団のボディガードが持つ拳銃で守られるのは組の首脳なのだから、首脳が拳銃の不法所持の共謀共同正犯で罪を問われるのはやむを得ないと考えていた。ボディガードの拳銃所持で利益を受けるのは首脳なのだ。ボディガードだけが不法所持で罰せられる理由はない。

事実、同じようにボディガードが拳銃を所持していたとして首脳が逮捕された事件としては、六代目山口組の司忍組長、山健組の元組長・桑田兼吉の例がある。二人とも有罪が確定していた(懲役六年と七年)。私は瀧澤総長もいずれ有罪判決を受けるはずと考え、森組長の電話に冷淡だった。まして瀧澤総長に人間的な興味を持たず、「無罪判決、よかった」などという記事を私が書くわけがない。

情報をくれた森組長には一応礼を言ったが、その後は二〜三分、世間話を交わした。そのなかで私は「近々週刊現代で細木数子について連載することになりそうだ」と洩らした。もちろん森組長と細木に関係があるのか、ないのか、何一つ知らなかった。

「ふーん、細木数子について書くのか」

森組長には一瞬考える気配があり、「後でまた電話するかもしれないから」と、ほどなく電話を切った。

数分後、森組長から再び電話があり、

「明日あたり会えないか。自分のほうでどこでも出向くから」

と言った。

「いいですよ。来ていただくのは恐縮だから、自分のほうで出向きます」

と私は答え、結局、二五日、午後二時半、南青山三丁目の森組長の東京事務所に行くことにした。

こうしたやり取りを通して、森組長がどう動き、どうしようとしているか、私はほぼわかった気がした。

森組長は偶然にも私への電話で溝口が細木について連載しようとしていることを知り、すぐ細木の携帯電話を鳴らして「溝口があんたのことを週刊誌に連載するようなことを言っている」と連絡したのだろう。細木とは深い関係があるはずだ。森組長は芸能界に強いといった噂をどこかで聞いたことがある。

細木数子は森組長から電話を受け、「だったら溝口に私のことは書かないように言ってくれない？」といったことを依頼しただろう。

つまり細木のもとには二四〜二五日にかけて、金子、森から相次いで溝口が細木の取材で動いていると情報が入ったのだろう。溝口が暴力団情報に詳しいことは細木にも伝えられたはずであり、細木は溝口の取材を脅威に感じた可能性がある。なぜなら細木と暴力団とは不即不離といえるほど近い関係にあり、溝口の取材でそうした関係と経歴を暴露されると怯えたかもしれないからだ。

そのため細木は電話を受けたのを幸い、二人の暴力団幹部に溝口の取材と執筆を、もしくは週刊現代での連載を止めるよう言ってほしいと依頼したものと見られる。

私は金子氏から「書くのをやめろ」という電話を受けた後、南青山の森組長の東京事務所に向かった。

表参道の交差点に出てちょっと歩くと、ちょうど事務所一階の出入り口から森組長が若い者一人を連れて出て来るところだった。

彼はそのまま私を近くの喫茶店に誘った。表参道の交差点に近い「リマプル」である。同店は店の前にテーブルと椅子を置き、晴れた日には陽光を浴びながら飲食できる。

森組長は路地状の中庭に面する店前のテーブルに座り、私は彼の右横に座った。森組長の若い者は森組長と私の背中を見張るかのように、やはりテーブルの後席に座った。

森組長は言った。

「細木の記事をやめられないか。あんたがやめたと言えば、それで終わりだろう」

「いや、これは編集部の企画ですから、私がやめれば編集部が別のライターを立てるまでです。やめるわけにはいきません」

「そうか、やめることはできないか」

と、森組長はしばし考えていた。

そのとき背後に控えていた若い者が「細木数子さんから電話です」と森組長に携帯電話を差し出した。森組長は受け取り、相手の声に耳を傾けた後、

「ええ、やめられないみたいですよ。ええ、ええ」

と答えた。

おそらく細木は森組長に連載の中止工作を依頼し、首尾がどうなったか気になって直接、森組長に電話したのだろう。

森組長は数分ほど細木と受け答えしていた。電話の間、席を立つなど、私に通話内

容を察せられないようにするしぐさはいっさいしなかった。私は彼の隣に座り、彼の電話を聞くともなく聞いていた。

最後のほうで森組長は言っていた。

「直接、会うことはできないの？　会えばいい」

細木は編集部からの取材要請に弁護士を通じて「会わない」と言い続けてきたが、森組長は取材に答えろと言っているのだろう。

しかし、私のほうは別に細木に会いたくはなかった。会わなくても細木について書ける。なまじ会うと、それが桎梏《しっこく》にならないとも限らない。会うとすれば、取材と連載を進め、こちらが地歩と見方を固めてからだと思った。

高山清司若頭の「まじめ」なヤクザ道

その後、森組長と少しの間、雑談した。森組長が細木と知り合ったのは以前、細木が右翼の抗議行動にさらされたとき、山口組副本部長（野上哲男・二代目吉川組組長のこと）に頼まれ、そうした右翼の動きを抑えたから。それ以来のつき合いだと言っていた。

別れ際、森組長は次のように私に話した。

「あんたが直接、細木の事務所に取材を申し込めば、細木は取材を受ける。あんたに会う。電話のとき、俺（森）の名は出さないでいい。事務所でわかるようになってるから」

私はこれを聞き、そうしましょう、と答えたが、前に述べたように、細木に会うのはもっと後だと考えていた。彼女のごまかしの話術にさらされるのはもう少し後、ごまかしを蹴散らせるほど、彼女について知ってからのことと考えていた。それに細木が恩恵的に私に会うといったニュアンスも感じたから、私には、冗談じゃない、そんなものに乗れるかい、という気持ちもあった。

森組長はこうも言った。

「あんたが書くのをやめないというのなら、仕方がない。彼女は悪い女じゃないし、テレビでいいことも言っている。できるだけ柔らかく書いてほしいんだが」

私が曖昧にうなずいて椅子から立ち上がろうとしたとき、森組長はしっかり糊付けした封筒を私のジャケットのポケットに無言で押し込もうとした。かねて用意していたものだろう。私は拒み、「受け取るわけにいきません」と封筒を彼の手に押し返した。手触りで札束とわかった。五〇万か、一〇〇万円ぐらいか。

森組長は言った。

「こんなものを渡したからといって、書かないでくれなんてケチなことを言うつもりはない。細木のことを優しく見てやってくれというだけだ。これはあんたと私の間のことだ。黙っていれば誰にもわからない」

「そうはいきません。編集部に言い訳できない」

「編集部に言う必要なんかないじゃないか」

「人にわからなければいいという問題じゃない。自分がそのときどうだったかという良心の問題です。お宅の親分と同じです」

たぶんこのセリフが利いたと思う。

が、振り返ると、私にもわかったようでわからない言葉だった。

私は二ヵ月ほど前だったか、森組長に髙山清司山口組若頭の人柄について話を聞いた。森組長によれば、髙山若頭の口癖は「まじめ」で、「まじめにヤクザをやれ」と真顔で言うとか。

どういうことなのか。

「喧嘩するのでも、まじめに喧嘩しろ。ふざけ半分でするなっていうこと。上に報告するのでもまじめに報告せよと言います。そのまじめっていうのは事実、現実に対するまじめさだと思う。ウソはもちろん、いい加減さをものすごく嫌う」

「たとえば若い者が喧嘩して、相手をごてごてにしてフクロにしたと言ったとします。ごてごてとはどういうことか。何発殴ったのか、と追及していくうち、一発殴っただけとか、逆に相手に殴られたとか、そういうことになりかねない」

ノンフィクションの書き手として、一番大事なのは事実に対するまじめさだと私も思う。カネを受け取っていながら「受け取っていない」などというのは事実に対してまじめとは言えまい。

ちょっと脱線するが、大学を出て徳間書店に入社し、「週刊アサヒ芸能」の記者に配属されたとき、先輩に言われたのは、

「取材先で場合によってカネを差し出されることがある。絶対、受け取ってはならない。受け取れば記事が書けなくなる」

ということだった。

以来、私は当たり前のことだが、一度として取材でカネを受け取ったことがない。車代として差し出されるカネも拒否した。ただし飲食の接待は受けた。その場合、お返しで奢ったことも、金額的に奢り返せなかったことも、何か後で物を贈って糊塗したこともあるが、カネと性サービスは受け取ったことがない。だから私はわりと大手

を振って取材できる。私がカネをもらう相手は出版社か新聞社かテレビ局、ごくときたま講演の主催者、要するにメディア以外からカネは受け取らないと決めているからだ。

ズサンな陳述書

森組長には髙山若頭を尊敬している風が窺えた。森組長と私はその後数分ほども受け取れ、受け取れないと封筒の押しつけ合いを繰り返したが、ついに彼は「あんたも頑固者だな」と押しつけることを諦めてくれた。

私は「贈賄」を諦めてくれた森組長に感謝している。彼にはいっさい害意も敵意も持っていない。だが、広域暴力団の元職と現役、二人の最高幹部に頼み、私の連載をストップしようとした細木に対しては別の感想を持っている。仮にも電波メディアで発言する者が自分の不利益を免れようと、暴力団に依頼して表現活動を抑えつけようとする。天に唾する行為ではないか。

細木数子が六億円の損害賠償請求訴訟を起こすという噂は事前に流れていた。六億円とはどこをどう押せば出てくるカネか不思議だったが、細木とすれば高額訴訟で私の連載を否定しているという印象操作ができればよかったのだろう。

六月七日、編集部経由でファックス送信されてきた細木の訴状を見た。請求額が六億一二五六万七四〇〇円、訴状に貼ってある印紙額だけで一八五万九〇〇〇円。こけおどしの高額には今さら驚かなかったが、驚いたのは「被告」に名指されているのは講談社（代表者　代表取締役・野間佐和子）とあるだけで、筆者の溝口の名がない。週刊現代編集長の名もない。びっくりした。

私の連載が細木の名誉と信用を毀損したというなら、ふつうは発行元、編集長、執筆者の三者を連名で訴える。ところが溝口は「訴外」なのだ。溝口が記事を書いたし、そのときもなお書きつつあった。細木にとっては正に憎き元凶が溝口であるはずだ。

なぜ溝口を「訴外」にするのか。この後も連載を続ける溝口のしつこい追及を恐れたのか、発行元と筆者との分断を狙ったのか。もちろん細木側には私を追加提訴する手もあるのだが、ハナから溝口を被告に加えないようでは、裁判全体の真剣さが疑われる。

細木との関係で取材と記事の全容を知るのは溝口である。しかし溝口は訴えられていないから、裁判に参加する資格がない。そういう人間が参加する方法として「補助参加」がある。万一、溝口が裁判を傍観することで講談社側が細木に敗れれば、溝口は講談社に六億円余の大損害を掛けることになる。ライターとして溝口の信用は崩落し、溝口はライターでいられなくなる。私はこの裁判の利害関係人なのだから、何としても裁判に参加するべきだった。

ところが補助参加する者の弁護士は、講談社側の弁護士が兼任することができない。被告と補助参加人は利害を異にするという建て前からである。

私は池袋の小見山繁弁護士、その知り合いの竹之内明弁護士（後に東京弁護士会会長、日本弁護士連合会副会長）の二人にお願いして補助参加の代理人を引き受けてもらった。両弁護士には息子の刺傷事件で山健組・井上邦雄組長らを訴える損害賠償請求訴訟も引き受けてもらっている。

細木側は五人の弁護士を立てていたが、担当の阿部鋼弁護士は九月、補助参加したいという溝口の意向に難色を示した。溝口が加わると、審理の内容を逐一記事化するというのだ。言っては悪いが、細木側の弁護陣はお粗末で、記事化できるほど内容の濃い証拠を一度として出したことがない。よく言うぜ、と私は思った。

一二月にようやく補助参加が裁判官に認められ、私は何度か準備書面や陳述書を出し、細木側を追い詰めていった。

と、細木側は二〇〇七年六月、私に圧力を掛けた司興業・森健司組長を名古屋の公証人役場に出頭させ、ウソで固めた陳述書を作成、署名捺印して我々の前に提示した。森組長は証人席に立ちたくない。その替わりに公証人役場で供述したという趣旨らしい。通常は用いられない異例の方法である。法的に効力も認められていない。だが、ともあれ、細木の持つ暴力団差配の強さをまじまじと見せつけられる思いがした。だが、森組長の陳述書には事実に基づく迫力がまるでなかった。

考えれば無理もないことである。ヤクザは家宅捜索などを頻繁に受けるから、メモを取る習慣がないし、取らない。対して私のような商売では取材し、メモを取るのが仕事のようなものだ。綿密さ、緻密さ、正確さの点でヤクザは問題にもならない。まして森組長の陳述書はウソで固めた細木側に立ち、細木を擁護する目的を持つから、ウソにウソを重ねることになる。迫力の出ようがない。

陳述書には、森組長が南青山で私に初めて会ったのは二〇〇六年二月三日だと明記してある。だが、この日、私は息子が刺された件で三鷹署に呼び出され、事情聴取を受けていた。三鷹署の聴取書には月日も記されているし、担当警部の署名もある。私はそのコピーを提出し、簡単に森組長陳述書のウソを論破した。

高山若頭の慧眼

しかし、私が驚くことがあった。森組長と私との間では現金入りの封筒を受け取れ、受け取れないというやり取りがあったわけだが、それを否定するとばかり思っていた。ところが森組長の陳述書では肯定し、実際にあったこととしている。

細木側の阿部鋼弁護士などは「ウソだ。溝口は山健組に一〇〇万円の札束を受け取れと迫られた、と最近、雑誌で書いている。似たような事件が短日月の間に二度も起こるわけがない」と強弁していた。

しかし、森組長の陳述書では、封筒の性格を変えた上、まるきりウソのストーリーを作り上げてのことだが、やり取りを認めている。参考までに森陳述書のその部分を引用してみよう。

〈帰り際、私は「こないだご馳走になった御礼」といって用意してあった茶封筒（森組長註・現金五〇万円入り）を溝口に渡そうとしました。六代目や親父のことをよく書いてくれて本当に嬉しかったので私のポケットマネーから出したおカネです。

溝「受け取れません。竹書房からの信頼がなくなる……」

私は先日の接待は竹書房が支払ったので竹書房の手前受け取れないのかと思いました（溝口註・単に間に合わせで昼飯を一緒に食べただけ。もともと御礼をいわれるような会食ではない）。

森「これは、雑誌社とは関係ない。あんたがきちんと書いてくれたことの御礼だから、別に雑誌社の人には言わなくてもいいだろう」

溝「わからなければいいという問題ではないから」（森組長註・といって固辞）

森「あんたも頑固だな。だったら、これはこっちで次のメシ代として預かっておくから。先生、銀座の行きつけの店ある？」

溝「ありますよ」

森「わかった、そしたらこのカネで今度は銀座の店行こや。近いうちにみんなで飯食おう。竹書房の人にもよろしく言っといてよ。それまで預かっておくからな」

溝「そうしてください」

私が差し出したおカネがこの間の接待の御礼であり、親分のことをよく書いてくれたことへの御礼の意味であることは、溝口も当然わかっていたはずです（溝口註・ぜんぜんわかっていない。なぜならウソだから。　溝口は髙山若頭のことをふつうに書いただけで「よく書いて」もいない）。私が溝口におカネを差し出したのは、溝口が細木数子の取材ができるように頼んであげた後で帰り際に差し出したものであり、細木絡みの記事潰しを意図しておカネを出したと勘違いするとは考えられません。細木のことに限っていえば取材をできるように頼んでやったのは私のほうで、御礼をもらうべきはこっちであって、こちらから御礼を渡す筋合いでないことくらいだれだってわかります（溝口註・前記したように溝口はこのとき細木インタビューを望んでいない。細木を狸のように脇からの取材という煙でいぶり出し、出ざるを得なくさせようとは思っていた）。〉

森組長の陳述書の別の箇所では、私の悪口をメチャクチャ書いているが、この部分を読むかぎり、森組長は可愛らしいウソをつく、といった気がする。ホントを言えば、残念に思っている。細木の一件がなければ、私は森組長を取材源として失うことはなかったろう。かつて『五代目山口組』を書くことで、一〇回以上もインタビューしてきた渡辺芳則組長を取材源でなくしたことなど問題にならないほど、私にとって森組長を失ったことは大きい。しかし、私の職業倫理は、私が書いた文章を原因として、講談社に六億円の損失をかぶせることはできないというものだ。対抗上、連載の第四回目で「細木数子は暴力団最高幹部に私の原稿つぶしを依頼した」というきつい一発を見舞うしかなかった、といまでも考えている。

講談社は二〇〇八年五月、細木数子と森健司組長、そして溝口と当時の週刊現代編集長・加藤晴之氏の四人を法廷に立たせ、証言させるべく「証拠申出書」を裁判所に提出した。証人尋問は私が主張していたところでもある。細木側はこれで腰砕けになり、講談社が謝れば、六億円余の請求は引っ込めると言い出し、七月一四日には臆面もなく訴えを取り下げた。我々の実質的な勝訴である。

すでに細木はその年三月に、レギュラー出演していたすべてのテレビ番組から降板していた。フジテレビ系『幸せって何だっけ～カズカズの宝話～』とTBS系『ズバリ言うわよ！』の二本であり、二番組そのものが細木の降板で消滅した。

だから細木にすれば、レギュラー番組を降りた以上、無理に無理を重ねて訴訟を続けている意味がなくなったともいえる。

私たちは読者の興味を引き、公益にかなう記事を書き、出版し、出版物を広告しただけである。私はある意味、細木乱訴の被害者であり、逆に細木を訴えたいとさえ当時、思っていた。細木は訴訟を社会的な目くらましとヤバイ事実の糊塗に使った。訴訟の目的外使用である。許しがたいレベルにあるが、訴えられ、補助参加した側は原告細木の訴えの取り下げを受け入れるしか方法がない。実質的に私たちの側が勝ったとはいえ、残念なことである。

森健司・司興業組長は、髙山清司若頭に、細木数子の訴訟取り下げを指してのことだろうが、「溝口の野郎にいっぱい食わされました」と報告したらしい。髙山若頭はすかさず「お前が余計なことに頭を突っ込むからだ」と戒めたらしい。森組長がこのようなことを自らぼやいていた、と弘道会に近い人物から聞いたことがある。

このことを聞いて、私は髙山若頭はさすがに慧眼と思った。局外者でいながら瞬時にやり取りの本質を見て取る。実際、森組長が溝口の雑談を聞いて、細木に「溝口が書くらしい」と知らせなければ、何も起こらなかった。私が彼を逆手に取らざるを得ないハメになることもなかったのだ。

第十二章

山健組に実質勝訴

——差し出された和解金

井上邦雄四代目山健組組長（現・神戸山口組組長）

弁護士は大きな標的を望む

細木数子の六億円裁判に補助参加する一方、自分の息子が刺された事件で山健組に損害賠償を求める裁判を起こす準備を進めた。さらに日常的な仕事もこなさなければならない。一時期は「週刊現代」での細木連載、細木単行本化など、同時併行で進めていたから、二〇〇六年は忙しかった。

山健組裁判では応援の申し出もあった。同年七月二五日、日比谷公園内のレストランで浜松の三井義広弁護士（山口組系一力一家の組事務所追放運動で知られる。組員に背中を刺された。日弁連＝日本弁護士連合会＝の民事介入暴力対策委員、二〇一九年八月病没）、長尾某弁護士（たぶん日弁連の民暴対策委員）、元静岡県警警部の伊藤英実さんの三人と茶を飲みながら、初対面の挨拶をした。

伊藤元警部とは前から知り合いだったから、彼が「あんたを応援できるかもしれない」と三井弁護士などを私に引き合わせたのかもしれない。

総じて不愉快な話し合いだった。長尾某弁護士は高飛車な態度で「そう？　あんたは山口組ではなく、山健組を訴えたいの？　前の渡辺芳則組長に個人的な怨《うら》みでもあるの？」などと舐めた口を利いた。

俺は渡辺のせいで脇背を刺されたんだ、個人的な怨みがあったらおかしいか、と尻をまくりたかったが、ここは辛抱強く説明した。

息子が刺されたそもそものはじまりが山健組とのトラブルだったこと。実行犯の自供から山健組傘下の健國会まで警視庁の突き上げ捜査が及んでいること。六代目体制になり、山健組は得意の絶頂から平地に叩き落とされて、他の直系組とは新体制の受け止め方も対応も違うこと。したがって山口組を訴えるのと、山健組を訴えるのとでは攻め手側の論理構成が別物になること。事件の文脈からいえば山健組が被告になるべきであって、山口組組長・司忍が相手では焦点がぼけてしまうこと……などである。

その上で私は言った。

「私は日弁連の応援はアテにしてません。有償で個人的に弁護士を頼みます。去年、著作権の問題でお願いして裁判に勝った弁護士がいますので、その人にまたお願いしようと思ってます。少人数でやるつもりです」

「そういうことでも結構です。私たちは応援できます」

長尾某弁護士は言った。

だれがクソ！　お前なんかに応援されてたまるか、と私は思って、彼らと別れた。じつに感じが悪い弁護士だった。

話は逸れるが、このとき言葉少なだった三井義広弁護士にも思い出がある。北九州市を牛耳る工藤會について、私が道案内役で要所要所インタビューする番組を、後年、九州朝日放送でやったことがある。そのとき福岡県警にもインタビューに応えてくれるよう頼んだが、インタビュアーが溝口では応えられない、県警はその代わり三井義広弁護士を立てるから、彼にインタビューしてほしいと言ってきた。えっ、浜松の三井弁護士が福岡県警の代理人になるの？　びっくりしたが、まあいいだろうと福岡で会った。

当時、福岡県警はしっかりした物証もないまま、ほとんど状況証拠だけで工藤會の組員をビシビシ逮捕、起訴していた。法の下では暴力団であっても平等に扱われなければならないはず、と私は三井弁護士に質問した。すると三井弁護士は、暴力団が何を言おうと、警察がその気になって捜査すれば、暴力団なんかぶっ潰れるんだよ、といった趣旨のことを言った。その場面は放映しなかったはずだが、ともかくカメラが回っている前で三井弁護士はそう広言した。

私は、これが弁護士の吐くセリフかと、ひっくり返るほど驚いた。

三井弁護士も私も過去、暴力団に刺される難に遭っている。しかし、私は相手が暴力団だから法を無視して、どんな処罰を加えてもいいなどと思ったことはない。迂遠であっても法の手続きをきちんと踏んで、罰するに値するなら罰するのが近代国家のはずだろう。法の下での平等という概念は弁護士という仕事の生命線のはずだが、彼はここまで福岡県警に添い寝した意見を述べるのか。世の中には弁護士であっても、とんでもない意見の持ち主がいる。このとき学んだ教訓である。

弁護団が膨れ上がった

八月に入って私は池袋の小見山繁弁護士を訪ね、山健組訴訟について引き受けてくれるよう頼んだ。小見山弁護士はおおよそ私の考えを諒として、後に東京弁護士会会長、日本弁護士連合会副会長を務めることになる竹之内明弁護士と組んでやってみましょうと言ってくれた。私としては細木六億円裁判への補助参加も考えていたので、下話的にそれへの参加も打診し、小見山弁護士の内諾を得た。

九月になってまた小見山弁護士の事務所を訪ねた。後から竹之内明弁護士、また週刊現代の加藤晴之編集長、編集担当の木原進治さんが合流した。両弁護士は細木六億円裁判に溝口が補助参加することに合意し、溝口の代理人になることを引き受けてくれた。

加藤、木原氏が引き上げた後、私は山健組裁判について両弁護士と打合せた。山口組を訴えるか、山健組を訴えるかは、ここでも論議になった。弁護士としてみれば的は大きいほうがいい。山口組を相手取るとなれば、いっそうやる気が湧くわけだろう。しかし、その分、訴訟に正確性が失われる。

両弁護士が山口組に固執することはなかった。竹之内弁護士は山口組ではなく、山健組を訴えても、東京弁護士会や警視庁の応援が得られるか、様子を聞いてみると言ってくれた。

気に入らなかった日弁連ではなく、東弁（東京弁護士会）が応援してくれるなら、私としては歓迎である。私は山健組を訴えるとほぼ腹を固めていた。「魔女の履歴書」編集担当の木原氏や片寄氏も私と同意見だった。

息子と一緒に八王子地裁に行き、刺傷事件について刑事公判記録のコピーを申請したが、厖大《ぼうだい》なもので、人手が多ければ多いほど助かることが納得できた。

一〇月に入って小見山弁護士から電話をもらった。東弁は訴える相手が山口組、山健組に関係なく、実働部隊の若手弁護士二人を山健組刺傷事件の裁判に派すると決めたという。ベテランの遠山秀典弁護士、澤田和也弁護士も弁護団に入ってくれるらしい。ありがたい話だった。

小見山、竹之内両弁護士を含め、私の陣営は総勢八人の大弁護団になった。弁護団団長は小見山繁弁護士である。小見山、竹之内両弁護士には私が依頼したが、他は手弁当的に力を貸してくれる。しかし、いくらなんでもタダというわけにいかない。私は若手弁護士も含め、皆に着手金と事務費を含めた代金を払おうと決めた。八人で二〇〇万円。ふつうなら考えられない安さだった。

弁護士たちとの会議では、遠山、澤田弁護士と兵庫県警に挨拶に行ったほうがいいという話が出た。私はふだん取材で兵庫県警に世話になったことがない。暴力団などから直に情報を取るから、兵庫県警に情報を仰ぐ必要がないのだ。県警詰めの記者にお世話になることもあったが、逆に記者にコメントを求められたりもする。私は警察に阿る必要がなく、警察はどこか私に警戒的に構える。兵庫県警には二人ほど知り合いの警部がいるが、とくに親しいというほどでもない。

しかし、弁護士が必要と判断するなら、挨拶に行ってもいいと思った。何も肩肘張って「俺は行かん」と頑張る必要はない。だが、この話はいつの間にか立ち消えになり、挨拶に行くことはなかった。

息子も原告の一人というか、原告の中心である。弁護団が一度連れてこいというので、一二月はじめ、西新橋にある澤田和也弁護士の事務所に一緒に顔を出した。ここに全員が集合し、訴訟をどう進めるか、話し合いになった。

ちょうど大阪の菅原英博弁護士も顔を見せてくれていた。菅原弁護士は山口組など暴力団にめったやたら詳しいということを弁護団から聞いていた。話を聞いてみると、評判通りだった。生きた知識を持っている。また同弁護士は、訴える先は山口組でなく、当然、山健組になるだろうといってくれた。私は非常に頼もしく、心強く感じた。

年が明けた二〇〇七年一月九日、澤田弁護士の事務所に集まり、訴訟の最終打合せをした。訴状はうまくまとまり、迫力がある。私は弁護士グループに感謝の言葉を述べた。小見山弁護士も竹之内弁護士も言葉の使い方が厳密で、文章がうまい。遠山弁護士はわりに柔軟で仕事が早く、まとめ役に徹している。園部洋士、村木政之、高橋俊彦各弁護士も煩雑な書類づくりを熱心に、手際よくまとめてくれ、私は優れた弁護士たちに恵まれたなと感じた。

訴状で原告は私と、私の長男である。被告は山健組・井上邦雄、山健組内健國会会長・山本國春、健國会特別相談役・魚山恭嗣、健國会傘下賢仁組—新木総業組長代行・U、新木総業組員・U（実行犯）の五人である。

被告への請求金額は溝口に損害賠償金五〇〇〇万円、息子に一二〇〇万円である。共同不法行為責任は被告五人ら全員が負い、使用者責任は被告井上邦雄と山本國春が負う。

会合の後、遠山弁護士らは警視庁に出向き、私や息子、弁護団などのための警備要請に行くと言っていた。訴状は週明けに東京地裁に提出するらしい（実際は一月二二日）。いつの間にか息子が刺されて一年がたっていた。

浪川政浩会長も和解調停に乗り出す

ちょうどそのころ、山健組にも顔が利く事業家Cから連絡があった。二月二日、彼の事務所を訪ねた。用件は、もしやとは思っていたが、やはり山健組との和解についてだった。九州誠道会（道仁会から分裂、後身は浪川会）のトップ、浪川政浩会長が山健組の意を受け、和解に向け動いているという。山健組の井上邦雄組長は浪川会長と非公表の兄弟分のようだ。

事業家Cは浪川と山健組双方から和解を進めてくれるよう頼まれたのだろう。

もちろん私は和解話を断った。

「訴状は向こう（山健組）に届いているはずだが、まだ裁判もはじまっていない段階で和解話は無理。こっちの弁護団は三一人もいる（訴状に名前を連ねてくれた弁護団は実際に総計三一人だった）。弁護団を説得するのは難しいし、問題にもならない」

と、かわした。山健組が私と簡単に和解できると考えること自体がおかしい。

その三日後、住吉会系小林会の杉浦良一幹部が港区西麻布で殺された。どこのだれが殺ったのか警察もつかんでいなかった二月七日、山口組は瀧澤孝若頭補佐、入江禎総本部長、橋本弘文若頭補佐を上京させ、住吉会の関功会長代行などと和解の話し合いに入った。後で山口組の傘下に入ったばかりの國粹会の組員二人が射殺したと判明したが、山口組が東京のど真ん中で拳銃を発射し、関東の暴力団幹部を射殺したのだから、大騒ぎになった。

私も週刊現代などに頼まれ、事件を扱ったが、その取材先の一つがCだった。Cは住吉会にもパイプを通じ、住吉会の動向にも詳しかった。

西麻布の取材の後、彼からこう言われた。

「来週あたり浪川政浩氏をまじえ、三人で会い、山健組からの和解申し入れにつき話し合おうじゃないか」

話し合ったところで、私にすればお断りするしかない。言葉を濁して席を立つと、Cは指二本を立て、「二つ」と言って私を見上げた。二〇〇〇万円という意味かと私は思ったが、わからない振りをしてその場を辞した。どうやら浪川会長やCに対して、和解に持ち込むべく、山健組から相当の圧力がかかっていると私は感じた。

このCに呼び出され、三月一日、六本木で昼、ウナギをご馳走になった。彼が言うには、山健組の永野一雄がごろつきで、永野が五代目（渡辺芳則・五代目山口組組長を指すと見られる）と図って私の息子を刺した。若頭の妹尾英幸と浪川政浩が永野を叱った。山健組は和解でなく、私に訴訟の取り下げを望んでいる。ついては「細木数子魔女の履歴書」も単行本になったことだし、その祝いで山健組に二〇〇〇万円を出させる。どうか？　と私に聞くので「そんな漫画みたいなストーリーは信じられませんよ。検討の余地がありません」と断った。

永野はついこの間まで健國会の若い者だった。いわば「枝の子」であり、そんな山健組の直参でもない者が渡辺と直に顔をつき合わせ、悪だくみできるわけがない。しかも出版祝いにカネを出されるなどはご免である。だいたい出版祝いそれ自体をやるつもりがない。カネがからめば、出版自体が穢されてしまう。冗談じゃないと思った。

帰り際、「いつもお力添えいただきながら意に添えず、失礼します」と頭を下げた。

と、Cが言った。

「ワシも断るのは当然と思うよ」

Cとすれば、浪川の和解案を紹介したまで、という考えなのだろう。Cでさえ有効性を認められない案だろうから、何も三者が膝つき合わせて話し合うことはない。次の週に予定していた浪川会長との話し合いは流すことにした。

これで浪川会長ルートによる和解話の持ち込みは絶えた。いい案配だと思った。

住吉会幹部も和解に向け一肌

二〇〇七年四月二五日、東京地裁で山健組裁判の第一回目が開かれた。口頭弁論ではなく、手続きの打合せだけである。

私も出たが、山健組側に旧知の山之内幸夫弁護士がいて、軽く会釈し合った。一時「山口組顧問弁護士」としてメディアでは知られた人物である。だが、「敵」同士だから一言も言葉を交わさなかった。

その後、山之内弁護士から「陳述書」が出たが、冗漫に私の悪口を書き連ねるだけで、この手の文章が備えるべき論理性がまるで欠けている。山之内弁護士の力はこの程度なのか、と私は彼を軽んじる気持ちになった。

そのころ山健組の直参に、お宅は山之内弁護士を出してきたね、と聞くと、あんな者、うちじゃだれも信用してない、単に出しただけだ、との答えだった。ある面、納得した。

その年の一二月なかば、久しぶりに事業家のCから昼飯でも食おうと誘われた。何か話でもあるのだろう。私はのこのこ六本木の俳優座の裏手に出かけた。指定の和食屋に顔を出すと、Cの他、もう一人男が控えていた。

名刺を交換した。男の名刺には住吉会副会長補佐・Tとあった。Tは山健組と和解してくれないか、と、いきなり用件を切り出した。この会食はそういうことなのかとはじめてわかった。私は、この訴訟で裁判所が判決を出すよう固執するつもりはない、息子の事件を判例として定着させたいとは考えていないが、和解の話は私の弁護団を通してくれないか。後で痛くもない腹を探られるのはかなわないから、と答えた。

Tはあんたが和解すると腹を決めてくれれば、弁護団はどうにでもなる。どうか、お願いします、とその場で土下座をした。私は慌てた。こういう場面に出くわしたことがない。どうにか土下座をやめてもらった。

と、Cが和解金三〇〇〇万円の線をチラッと出した。三〇〇〇万円は魅力的だが、私の言い分は変わらない。コソコソもらう気はない。

この食事はご馳走になることにして、私は二人と別れた。

山健組は公判では山之内弁護士に長文の「陳述書」を書かせながら、その一方、カネで和解を進めようとしている。裁判での勝利を確信できないからだろう。考えてみれば山之内弁護士も気の毒な立場である。

その日から四日後の午後、弁護団会議があった。私はこの席で住吉会Tから頼まれた和解話について話した。弁護士たちはさしたるコメントを挟まなかったが、おおむね好意的に受け取ってくれたようだった。

年が明けて二〇〇八年一月一〇日、Cから電話があり、私は彼がいるホテルニューオータニのゴールデンスパに出かけた。Cと住吉会のTがいた。用件は和解をどう進めるかということで、三人ともカキフライ定食を食べながら、話を進めた。私はこのときの模様をすぐ小見山、竹之内両弁護士にメールで伝えた。古い話だから差し支えなかろうと判断し、以下、この電子メールを引用させていただく。

〈新年おめでとうございます。本年もよろしくお願い申し上げます。一月一〇日、先方から申し出があり、昼、C氏と住吉会のT氏に会いました。話の趣旨は、山健組の弁護士から「謝罪する、和解したい」との申し出をこちらの弁護団にして、こちら側は「わかった、和解する」と言うことだそうです（これは結果的に裁判の取り下げを意味することになるのですか）。

カネのことはその後、溝口と井上邦雄が会い、その席で秘密裡に行いたいということでした。私はカネのことを含め、弁護団を通しても、溝口が言ったり、書いたりしないかぎり、たぶん秘密は外に出ませんよと言ったところ、カネのことが裁判記録に残ること自体を嫌っているとのこと。私はわかった、そちらの申し出は弁護団に伝え、諮ります、と答えて、会談を終えました。

これが常識的に変な話であるのなら、いまからでも、いっさいなかったことにするのは可能と思います。和解を望んでいるのは向こうなのですから、こちらが向こうのペースに嵌まることはありません。多少、C氏との関係がギクシャクするだけです。なお念のため、このメールは弁護団全体に送るのではなく、とりあえず両先生にだけお送りするものです。ご検討いただけるとありがたいのですが〉

一月一八日になっても、まだ細木六億円裁判は続いていた。裁判官同席のもとに原告側、被告側、補助参加側が書類をやり取りするわけだが、細木側は次回の日取りを三月まで延期してほしいと引き延ばしにかかった。私はうんざりし、細木側の阿部鋼弁護士に言いたい放題を言った。細木側はすでに裁判の取り下げしかない状態で、単にタオルの投げ時を探しているにすぎなかった。

解決金は五二〇〇万円

この後、小見山、竹之内両弁護士と山健組裁判について弁護士会館で打合せをした。両弁護士が言うには、要するに第三者に説明がつく和解であるべきこと、弁護団を通すべきということ。私もそれに同意した。

二四日にまたホテルニューオータニでC、住吉会のTに会った。私は和解について、山健組の弁護団から私の弁護団に申し出てくれ、それで解決がつくと言った。Tは何かわかったようなわからないような顔をしていた。

二月一日、弁護士会館に行き、弁護団と山健組からの和解案件について打合せた後、一時、東京地裁に行く。裁判長から今後の進め方について話があり、小見山弁護士が前日、山健組側の山之内弁護士から見舞金三〇〇万円でという話があった、と裁判長に伝えた。裁判長は喜んだ。おそらく和解になれば、判決文を書かなくてすむといった気持ちもあったのだろう。

次に山健組側を呼び出して打合せが行われ、私たちは別室で待機した。最後に両者が呼ばれて和解の方向で話し合いになった。結局、法廷で審理されることは一度もなかった。

終わってから弁護団はまた弁護士会館で打合せをした。次回は和解案を詰めることになっていたから、私は、和解金について自主規制すべきでない、法廷での和解金相場など考慮しないでいい、Cが洩らした三〇〇万円を持ち出してくれ、と皆に頼んだ。その後、弁護団が具体的に山健組側とどういう交渉をしたか、私は説明を受けていない。

二月八日、この日もニューオータニのゴールデンスパでC、Tと話し合った。私が二月一日、東京地裁での話し合いを紹介した。見舞金三〇〇万円、井上邦雄組長、山本國春健國会会長以下が溝口と息子に謝罪すること。Cはその線で進めてくれ、そのウラで井上邦雄と真の和解をしようという。Tは何か浮かぬ顔をしていた。

当初、山本國春は溝口が和解に応じるとは思っていなかったので、喜んで和解を受け取っているとCが言った。私は考えた。Cの論理は、たとえ裁判長や弁護団が和解を唱えても、原告の溝口が反対を唱えれば和解にはならない。だから溝口が和解案に翻意したことが重要なのだ。その翻意に対して、山健組は和解金を支払うということではないか、という推測である。

だが、私は何も言わなかったし、何もしなかった。すべてをCの差配に任せ、なるようになったものを受け取る。

「じゃ、お二人とも（山健組に対して）顔が立ったじゃないですか」

と、私は冷やかし気味にC、Tに言った。

私はC、Tによる和解への働き掛けはその都度、弁護団に伝えたが、それは和解を望んだからではなく、公正でありたいと願ったからだ。その後、弁護団と裁判長が揃って和解したがっているように見えた。弁護団は基本的に手弁当だから、いつまでも私の訴訟に関われない。一応の決着もみたいだろう。和解を望むのは理解できる。私はそれに従った。一人だけ「山健組と白黒をつけようじゃないか。判例を打ち立てるぞ」と頑張るつもりはないのだ。

一五日、私は弁護士会館に行った。小見山弁護士、竹之内弁護士が「遠山弁護士から溝口の真意を聞いてくれ」と言われたからと言う。私は井上邦雄が謝るという名目も、山健組からカネを取るという実利も、二つながら追うと答えた。二段構えでもいいから、ともかく裁判長関与のもとで和解する、そのことに変わりない、と言い切った。

三月一〇日、東京地裁で溝口側は山健組と和解した。解決金として五二〇万円を受領した。

この訴訟の結末に対して、二〇一六年、六代目山口組のたぶん髙野永次幹部だろうが「週刊SPA!」(七月一二日号)掲載の記事「『ヤクザジャーナリズム』の功罪」を使って、要らざる口出しをした。当時、私が六代目山口組から離脱した神戸山口組に肩入れしているように受け取って、それが面白くなかったのだろう。

見開き二ページのその記事は「矛先は暴力団報道の第一人者に――〝菱のカーテン〟の知られざる内幕」「山口組総本部が異例のコメント発表!」とサブタイトル的にうたっていた。

記事の必要部分だけを引用しよう。同記事はまず六代目山口組幹部のコメントから始まる。

〈溝口は息子が刺された件で山健組に使用者責任で裁判起こしたやろう。これが和解金500万円で手打ちにしてしもうたんや。けどな、これとは別に井上（邦雄）から2000万円が出ていると井上自身も言うてた。溝口が情報源にしとる正木（年男、神戸山口組総本部長）もな。その後からや、『六代目山口組は名古屋方式』とかトバシの記事書き出したのは〉

「SPA！」編集部は事前に、私に反論コメントを求めていたから、同号記事には、私の比較的長めのコメントが掲載されている。ここでは私の論駁《ろんぱく》のうち、カネの部分だけを同誌から引用しておこう。

〈あとハッキリ言っておくが、私がお金をもらうのはメディアからだけだ。息子を山健組に刺された事件で組長の使用者責任を問い、山健組に裁判を起こし、裁判長の勧めで和解した際に和解金は受け取ったが、これは（山口組が）分裂の前、8年も前の話（だから、私が神戸山口組寄りの理由にはならない）。裁判は息子刺傷事件に対する損害賠償請求訴訟であって、もともと山健組からお金を取ることを目的としている。和解金をもらって何一つ恥じる必要はない。

和解金と私の筆先とは無関係だ。それを言うなら、山健組は息子を刺した憎き仇という考えはどうすると言いたい〉

私の反論はこれに尽きている。

山健組裁判は山健組が息子を刺して、私を喰い、私が山健組を訴えて和解金を取ったことで、私が山健組を喰い、両者喰い合ったということかもしれない。

二〇〇八年三月、竹中武組長が亡くなった。六四歳だった。最期まで気持ちが通い合うと感じたヤクザの親分だった。死の前、岡山の病院に見舞ったときにはまだ元気に話ができた。棺の中に横たわる武組長の姿を見たが、青い顔で目をつぶる彼の顔には、まだ起き上がれそうな意志が漂っていた――。

終章　近づいた山口組の終焉

——最期まで見届けるか

司忍六代目山口組組長

織田絆誠元神戸山口組若頭代行

神戸山口組旗揚げ前の密使

二〇一四年一〇月、私は山口組の元直参、天野組（大阪市）を率いていた天野洋志穂氏の紹介で山口組現役の直参、毛利善長・毛利組組長と虎ノ門のホテルオークラで会った。毛利組長は山口組の総本部長を長く務めた岸本組・岸本才三組長の下で副組長を務め、一九九八年、五代目山口組の直参に昇格、六代目山口組では「幹部」に昇り、総本部の実務面を担当した。

最近のことだが、毛利組長は二〇二〇年一二月に自宅の階段から落ちて骨折し、肺に水が溜まって急死したという。八〇歳だった。

毛利組長が亡くなったいま、はじめて名前を出し、私がどうして毛利組長を通じて神戸山口組の結成計画を知ったか、記したい。

毛利組長とは初対面だったが、紹介者の天野元組長と肝胆相照らす仲だったからか、私にも無警戒に真剣な調子で執行部批判を語ってくれた。六代目山口組では、ますます弘道会支配が強まっているという。そしていま、これに反対する仲間が集まりはじめたというのだ。

「すでに考えを同じくする者たちが定期的に会合を持っています。われわれが立ち上がる以上、絶対、弘道会側に潰させるわけにはいかない。潰されないだけの準備をしっかり固めて立ち上がります」

いま思えば、この前振り的な打明け話（神戸山口組が発足する一〇ヵ月前だった）は、毛利組長が独自に決めたことではなく、なかば神戸山口組の核ができはじめていたころの組織決定に従ったとも推測できる。いわば広報的な狙いを持ち、将来、神戸山口組が発足した暁には、筆者によき神戸山口組の理解者であってほしい、と願ったのではないか。毛利組長は神戸山口組の発足後は正木年男総本部長の下で本部長を務めた。

神戸山口組の発足当時、全メディアが情報パイプを持っていないなか、私だけは毛利組長を通して、人事や会費額など神戸山口組の最新情報を入手し、それを記事化することができた。何しろ執行部直結の情報である。兵庫県警より私のほうがたしかな情報の入手が早かったかもしれない。

ホテルオークラで毛利組長の話を聞きながら、私は半信半疑でいた。仲間うちの会合を重ねながら、司忍組長や竹内照明若頭補佐に知られずに済むのか。すでに髙山清司若頭は四〇〇〇万円恐喝事件で懲役六年の有罪となっていた。一度は最高裁に上告したが、この年の五月に上告を取り下げ、大阪拘置所に収監されていた。

髙山若頭の「社会不在」は蜂起勢にとってプラス材料だが、ヤクザはさほど口が固いわけではない。仲間うちのおしゃべりから事前に蜂起の構想が漏れ、圧伏されるのではないかと危ぶんだ。

当然のことながら、私はこのとき聞いた反乱計画を記事化しなかったし、だれにも口外しなかった。だいたいまだ現実化していない「蜂起・分裂計画」がある、などと記事化できるわけがない。またどちらに味方するわけではないが、私のせいで彼らの計画が潰れるとなれば、寝覚めが悪すぎる。

毛利組長の蜂起計画はほぼ忘れた。時々は思い出したが、蜂起・分裂計画は「その後どうなりましたか」などと聞けるものでもない。それでは暗に蜂起を催促することになってしまう。

神戸山口組は上納金システムを改善したか

二〇一五年の四月になって、私は情報会社をやっている友人から、彼のもとに寄せられた匿名の手紙を見せられた。すぐこれは毛利組長が話していたことと同じことだと気づいた。

以下、この手紙の要所をご紹介しよう。

〈そんななかでいまの六代目体制に納得していない人間たちもいるわけです。その人間たちが密かに集結し、新しい山口組を作り直すために会合が行われているのです。今回、弘道会の竹内（照明）氏が（山口組の）幹部になり、いくらもたたないうちに（若）頭補佐に上がりました。執行部入りです。このままでは七、八代目まで名古屋（弘道会のこと）に主導権を握られてしまう。だれの目にも明らかです。ここはもう一度座布団を取り戻すしかないと謀反の計画が進められているのです。

そのメンバーをリークします。現在も週に一～二回神戸を出た後に密かに集まり、会議が行われています。そのメンバーです。（メンバー名は略す）〉

この手紙に目を通して、私はインチキではないまでも、山口組の直系組長ではない下位の組員が書いたにちがいないと見た。文中、蜂起側に立つとはとうてい思えない名前が三人も含まれていたからだ。いまだから言えることだが、私の判断は二人については正しく、一人については完全に間違っていた。間違ったその一人とは「この会の議長が宅見組の入江氏」の部分である。

元の山口組総本部長・入江禎（二代目宅見組組長）は司、高山による山口組の絶対支配を助けた協力者のはずだ。山口組内を彼らのために道案内した。むしろ弘道会側に立つ人と私は見ていた。それがなぜ神戸山口組に身を寄せるのか。

毛利組長の予告は二〇一五年八月になって、正しさが証明された。山口組の直系組長一三人が山口組を離脱し、新しく「神戸山口組」を結成したのだ。ネットや電波のニュースとなって、このことは流れた。前出、天野氏からもメディアが報じる数時間前、「だいぶ騒がしくなった。兵庫県警も情報をつかんでいるようだ」と一報があった。

九月五日、神戸市花隈の山健組本部に神戸山口組のメンバーが集まり、発会式が開かれた。住吉会幸平一家総長・加藤英幸も陣中見舞いに訪れ、その模様はテレビでも報じられた。神戸山口組が暴力団世界で完全には孤立していないことを印象づけたといえる。

発会式では人事が発表された。

神戸山口組の組長は大方の予想通り井上邦雄（山健組組長）だった。

神戸山口組の若頭は寺岡修（俠友会会長、淡路市）。若頭補佐は剣政和（二代目黒誠会

会長、大阪市）と、当時は井上組長の信頼が厚かった織田絆誠《よしのり》の二人だった。

一見地味な役職の副組長は入江禎（二代目宅見組組長、大阪）。総本部長・正木年男（正木組組長、福井県敦賀市）、本部長は前出の毛利善長（毛利組組長、吹田市）である。

以下、舎弟頭・池田孝志（池田組組長、岡山市）、舎弟・岡本久男（二代目松下組組長、神戸市）、同・宮下和美（二代目西脇組組長、神戸市）。顧問・奥浦清司（奥浦組組長、東大阪市）、若中・池田幸治（四代目真鍋組組長、尼崎市）、同・高橋久男（雄成会会長、京都市）、同・清崎達也（大志会会長、熊本県八代市）と続く。

神戸山口組の本部事務所はとりあえず淡路島の侠友会所在地に置いた。当初の方針ではあくまでも仮事務所であって、当時は神戸地裁前、三代目組長・田岡一雄の旧宅付近に本部を置くべく土地や建物を物色中と伝えられた。

注目すべきは神戸山口組が新しく決めた月会費のシステムだった。

月額は役付三〇万円、中堅二〇万円、若中一〇万円と、六代目山口組に比べ、べらぼうに安かった。六代目山口組では、ヒラの直系若衆が支払う会費は月額一一五万円（プラス積立金一〇万円）だったから、ヒラの若衆で比べるかぎり一〇分の一以下なのだ。

さらに神戸山口組では中元、歳暮を組長に贈ることを禁止、組長は誕生日祝いをせず、組長への誕生日祝いのプレゼントも禁止となった。

六代目山口組では中元の時期、直系組長たちが分担拠出して司組長に贈るカネが五〇〇〇万円、歳暮の時期、同じく直系組長たちが分担拠出して贈るカネが一億円、一月二五日司組長の誕生日祝いにも直系組長たちが分担拠出して一億円を司組長に贈っていた。神戸山口組ではヒラの直参の支払額は年間一二〇万円にすぎない。

両派組員の本部への支払額はひどく違う。

つまり神戸山口組は弘道会支配の山口組を全否定するかたちでスタートした。三代目組長・田岡一雄の時代、山口組の月会費はわずか二〇〇〇円だった。田岡は自分で港湾荷役や神戸芸能社の仕事をしていたから、山口組の組員が拠出する月会費で食う必要がなかった。

井上邦雄が最後の勝負に出た

五日には神戸山口組が各方面に送る「御挨拶」文も発表されたが、それにはおおよそ次のようなことが書かれていた。

〈司組長がやっていることは自分さえよければ、直系組長たちがどうなろうと知ったことかという「利己主義」である。彼が「古きを尋ねて新しきを知る」といって、かつての組長の墓参りをしたり、その未亡人を訪ねたりしたところで、田岡、竹中という親分たちを大事にすることにはならない。ほんとに大事にしたいのなら、先輩達に学び、自分の生活を質素に律することだ。組の上に乗って贅沢三昧するのは大間違いだ〉

神戸山口組に「民主化」の風が吹いていると察せられた。

では、神戸山口組の分派・独立はいつだれが言い出したのか。最初の計画者と首謀者はやはり神戸山口組組長の井上邦雄(当時は山健組の組長を兼任)と断じていいと思う。

井上邦雄は衆目の一致するところ優柔不断だった。山口組の髙山清司若頭も早い時期から井上が優柔不断だと見抜いていた。井上に傑出したところがないことは、私の息子を刺し、損害賠償金を支払うハメになったことでもわかる。

井上邦雄はこれまでに数回も「男になれるチャンス」に出くわしながら、一度として腹を括った行動に出られなかった。相手に逆襲できず、ついに「男」になれなかったのだ。

五代目組長渡辺芳則が司―髙山ラインにクーデターを仕掛けられ、それを阻止できなかったとき（〇五年七月）。

あるいは配下の多三郎一家・後藤一男総長が弘道会批判をやめず、髙山若頭からそれを注意されたとき、胸にしまって握りつぶそうとせず、自派の手で後藤総長を刺殺しなければならなかったとき（〇七年五月）。

後藤忠政後藤組組長がゴルフコンペを開催した件で除籍になったことにからみ、山口組直系組長一三人が激しく執行部を批判する連判状を作成した際、冒頭の井上邦雄の名を抹消して連判状から脱落したとき（〇八年一〇月）。

など、井上組長が採った行動はすべて御身大事のその場しのぎの保身であり、司―髙山ラインへの服従だった。いずれも抗議の声一つ上げずに弘道会に押し切られた。

そういう強い者に巻かれるだけの井上が、なぜ神戸山口組の発足時にかぎり、司―髙山ラインに叛旗を翻し、分派できたか。

考えれば不思議な話だが、おそらく井上は六代目山口組にいるかぎり、自分の将来はないと思い知ったからだろう。

直接的には一三年一〇月、それまでの山口組総本部長・入江禎が舎弟頭に追いやられたとき、井上も司―髙山ラインから若頭補佐を返上して舎弟に直らないか、打診されている。このとき同時に山健組の幹部である健國会・山本國春（神戸市）、姫野組・姫野竜志（大阪市西区）、健竜会・中田広志（神戸市）の三人についても、山口組の直参にならないか、打診があったという。

いうまでもなく司―髙山ラインによる山健組の分断化、若手直系組長の増加を狙った提案である。

だが、井上邦雄以下山健組の四人は誘いを断り、現状維持を選んだと伝えられる。井上はこれで悟ったにちがいない。このまま自分が司―髙山ラインによる切り崩し策を受忍しても、やがて自分は引退を迫られ、山健組は司―髙山ラインのために解体・吸収されるばかりだ……と。もはや座して待つことは許されない。男なら立ち上がり、乾坤一擲《けんこんいってき》、分派を立て叛旗を翻すしかない、と。

しかし、井上の過去に問題があったとしても、ついに改革の旗を掲げ、神戸山口組として独立したことを評価したいと私は思った。

少なくとも会費などの面で神戸山口組は六代目山口組に比べ改良されたのだ。私は性格的に判官贔屓で、情勢の検討抜きに弱い者に味方しがちである。そのことは自覚している。そのためいままで勝ち馬に乗れたことがない。乗りたいとも思わない。

このときもそうで、下の人間を収奪して上の人間だけが栄える六代目山口組より神戸山口組のほうが上だ、応援しがいがあると考えていた。

織田の雄弁

当時は、毛利本部長に電話一本掛けることで取材が可能だった。何度目かの電話取材の後、毛利本部長が、正木年男総本部長が溝口さんに会ってもいいと言っている、と伝えてくれた。そういうことなら、正木総本部長にインタビューしたい、申し込みます、とお願いした。

二〇一五年九月一九日の午後、私は一人で神戸市兵庫区の中央卸売市場に出かけ、近くの寿司屋で総本部長・正木年男、若頭補佐・剣政和を取材した。六代目山口組で「幹部」の役職にあった人たちである。

両氏の話は、かつて山口組の本部に詰めていた者が司忍組長や髙山清司若頭を名指しで批判し、エピソードを披露する。面白くないはずがなかった。

当時、私は山口組の断末魔を見ているのではないかという気がした。多少、断続はあるものの、私はほぼ五〇年間、山口組を見続けてきた。こうなったらついでのことに山口組の最期を見届けてやろうとさえ思った。

正木総本部長はヤクザには珍しくペダンチックで、豊かな常識を持っている。しかし、かなりのおしゃべりで言葉は軽く、向き合う者に、この人の話を信じて大丈夫かなと思わせる。

剣若頭補佐は口数少ないが、ときどき突拍子もないことを言い出す。たとえば、井上邦雄組長は質素な性格で、マスクを洗って再使用する（もちろん新型コロナウイルスが蔓延する前の話）、服はユニクロで買う、などである。話を面白く盛るクセがあるのか。私はこの剣若頭補佐から「男を感じさせる」と持ち上げられたことがある。

神戸山口組の取材を進めるうち、私は組長の井上邦雄に会ってもいいなと思いはじめた。たしかに息子を刺され、裁判になったが、それで敵同士になることもなかろう。済んだ話なのだ。私はいままで一度も井上に会ったことがない。山健組の幹部には何人も会っていながら、不思議に井上とは未接触なのだ。裁判闘争の過程でも会わなかった。

しかし、そんな能天気な私の希望とは関係なく、二〇一六年七月ごろ、正木年男から電話があった。

当時、六代目山口組と神戸山口組との間に和解話が持ち上がっていた。話し合いは六代目側が若頭補佐の一人、高木康男・清水一家総長、神戸側が織田絆誠・若頭代行である。

両者は和解の落としどころを探ったと伝えられたが、六代目側の幹部・髙野永次（三代目織田組組長、組織委員長）が前に登場した「週刊ＳＰＡ！」を使って、話し合いの模様をねじ曲げ、神戸側を貶める内容に改変して公表した。

正木はこれに我慢できず、私に電話した。

「織田を出すので、和解交渉の実態がどうだったか、話を聞いてもらえないか。六代目山口組の髙野永次は事実を逆に伝えて世間を誤解させようとしている。やることが汚すぎる」

と、正木は言った。

正木の言い分をもっともと思った。私が井上邦雄からカネを取ったせいで、神戸山口組側に肩入れしていると貶める同じ記事のなかで、神戸山口組を叩いているのだ。

そうでなくとも、織田には以前から会いたいと思っていた。織田は神戸山口組が創立された直後から、若頭補佐の一人として六代目山口組に対する示威行動、威嚇行動を全国で展開していた。地方、地方の会合の後に組員を引き連れ、六代目山口組系の組事務所の前を行進、堂々と防犯カメラにも顔をさらし、「ほら見ろ、我々が本物だ。事務所の奴らは出てこられないじゃないか」と現場の士気を盛り上げていた。彼のおかげで神戸山口組はそのころ、六代目山口組など問題にもしないほど意気高く、組員増の面でも勝っていたと思う。

七月一二日、神戸市海岸通りの喫茶店で織田をインタビューした。織田と言葉を交わすのはこのときがはじめてだった。

織田を取り巻くように正木年男、若頭補佐の剣政和が同席していた。

私はこのとき織田の振るう雄弁に驚いた。理路整然とした話しぶりと、熱の籠もった生真面目な態度。織田の言葉は活字に起こしても、そのまま文章になるほど、しっかりした構造を持っている。

活字にする前、記事に目を通してもらわなければならないとして、私は最後、織田から携帯電話の番号を聞いた。

織田をインタビューした後、「週刊現代」(一六年八月二〇・二七日合併号)に〈神戸山口組「戦闘隊長」織田絆誠・若頭代行がついに実名で語る「六代目vs.神戸 分裂の真相とこれから起きること」〉を見開き四ページのスペースで書き、公表した。

その後も神戸山口組は順調に推移しているようだった。六代目山口組は執れる手が限られ、しきりにデマを流し、神戸山口組の足を引っ張ることぐらいしかできなかった。

解は「もはや生存できず」なのか

翌二〇一七年四月、織田が神戸山口組を出て新組織を立ち上げるという噂が流れた。

織田は井上の股肱《ここう》の臣だったはずではないのか。よせばいいのに、と私は思いながら、織田の携帯を鳴らした。織田はすぐ出て、噂は間違いじゃないですと答えた。彼とインタビューの約束を取りつけた。

四月三〇日、織田は神戸山口組を離れて「任俠団体山口組」（その後「任俠山口組」と改称し、現在は「絆會」と名乗る）を新結成し、その代表に就いた。

兵庫県尼崎市で幹部や直参たちが結成式を開いている最中、織田は他のメディアとは異なる特別待遇を私に許した。私は新大阪駅近くのホテルの一室で織田と向かい合い、なぜ新組織結成に踏み出したのか、単独インタビューした。私は織田の言葉に得心がいき、大義名分は神戸山口組から任侠山口組に移ったと感じた。織田からすれば神戸山口組もいまや六代目山口組と同様、旧態依然とした遺構でしかないのだ。

結局は井上邦雄の言動が改まらなかった。六代目山口組の弘道会方式を批判して立ち上がった神戸山口組だったが、六代目山口組の旧弊である、

①金銭の吸い上げ

②当代の出身団体の贔屓

③当代が配下の寄せる進言・諫言をいっさい聞かない

をそっくりそのまま、井上は神戸山口組で繰り返した。

井上邦雄が大将の器でないことはたしかだが、それでも膝下にしっかり織田絆誠を抱えていれば、神戸山口組に将来は開かれていたはずだ。織田の離脱は井上にとって取り返しのつかない失敗だった。これにより神戸山口組はスピード感を失った。

井上は理想や目的を組員の前に掲げられず、いまや山健組を託した中田広志にも背かれ、「一人になっても神戸山口組は解散しない」と息巻いているという。すでに終末は読めよう。

神戸山口組を離れ、現在の絆會を立ち上げた織田絆誠にとっても、将来は微笑んでくれてはいない。彼が掲げた命題、「少しでも社会の役に立ち、社会に認められるヤ

クザ像」はいまだ解明されない難問であり続けている。

ヤクザは何で飯を食ったらいいのか、警察はヤクザが営む正業さえ、暴力団の資金源になるとして阻止している。覚醒剤や恐喝、賭博などヤクザの伝統的資金源はことごとく禁止され、ヤクザは組を離脱しても五年間はヤクザ並みに扱われ、新規に銀行口座をつくることさえ許されない。

こうしたなかで、どうして男を売るヤクザになれるのか。警察から「反社会的勢力」といわれないための方法として、ヤクザをやめる以外にどんなやり方があるのか。

織田は任侠団体山口組を結成して以来、一度として方針を曲げたことがない。「君子に二言なし」を地で実践している。その点は「大衆的組織」の指導者として尊敬に値するが、しかし、掲げた命題の解が自己否定を余儀なくするほど難しい。出口のない迷路に陥る。

織田は山口組の歴史のなかではじめて大目標を掲げたリーダーだが、それでもヤクザの今後の生き残り策を見出せずにいる。もはや「生存できず」が山口組に限らず、全ヤクザに突きつけられた解かもしれない。

あとがき

途中、フォローしていなかった時期もあるが、私はほぼ五〇年間、山口組を見てきた。いま、一応自分の気持ちに整理をつける意味でこの本を書いたが、書き終えて、五〇年間、私は山口組を相手に遊んでいたのではないかという気がする。たしかに一時期、組員に殺傷されるのではないかと恐れ、緊張する局面もあったが、過ぎてしまえば遠い日の悪夢でしかない。

山口組はご存じの通り日本を代表する暴力団だが、憎むべき敵、壊滅すべきだ、と言い切れない曖昧さを、私は心のうちに感じている。彼らがいなくなっても、壊滅しても、社会はいっこうに困らないと考える一方、この世に少しぐらい彼らのような遊侠の徒がいてもいいんじゃないかとも感じる。権力を持って悪いことをする人より、彼らのほうが可愛げもあるし、救いもある。世の中、四角四面でないほうが多くの人にとって過ごしやすいのではないか。

しかし、山口組をはじめ暴力団のメンバー数は年々減っている。社会や政治・経済に及ぼす影響力もひところより低下していよう。彼らは人に惜しまれることの少ない絶滅危惧種ともいえるが、そのくせネットニュースなどを見回して気づくことは、少なくないビジターが暴力団動向にいまなお熱心に目をさらしているらしいことだ。山口組は分裂し、まだ抗争がどう終熄《しゅうそく》するのか、果たして終熄があり得るのかどうかわからない状態だが、それでも興味をもって見守る人が少なくない。

なぜなのだろう。不思議に思うが、そう思う私自身がこれまで退屈もせず、山口組ウォッチを続けてきたものと思う。私は何の思い入れも同情心も先入観もなく、単に合理主義的に山口組を見てきた人間だと自覚しているが、それにしても五〇年は長すぎよう。単なる身過ぎ世過ぎでできることではないような気がする。

結局、私自身が山口組やヤクザを好きだったのかもしれない。好きなことに取り組むのは苦痛ではないし、関係する情報を調べるのも楽しい。本書を読んで、これは山口組に限定した著者の回顧録だと考える人もいるだろうが、私としては、私を舞台回しにした小型の山口組通史と考えてもらいたい気持ちもある。山口組はそろそろ歴史に組み込まれる時期に入ろうとしている。私的な観点に立った通史が出されても、そう突飛感を与えずにすむのではないか。

それにしても山口組には、懐かしく思い出される人たちが多い。竹中武と正兄弟、山健組本部長だった松下正夫、山本秀子夫人、松下夫人、細田利明、佐々木道雄、白神英雄、後藤忠政、宅見勝などの各氏。また山口組の取材や編集でお世話になった組員や研究者、警察、メディア関係の人たち……。本文中で名を挙げなかった人たちも多いが、そういった人たちと併せ、すべての関係者にお礼を申し上げたい。

本書は最初、講談社のPR誌「本」に連載された(二〇二〇年二月号から一二月号まで)。その後、書き足してこの本ができあがっている。「本」連載中から講談社・木原進治氏のお世話になり、単行本化に当たっても同氏のお手をわずらわせた。末尾ながら記して、深謝する次第である。

二〇二一年　四月

溝口　敦

(本文中において敬称を一部略させていただいた)

解説

鈴木智彦（ジャーナリスト）

暴力団報道はメディアの別なく、溝口敦とそれ以外である。もしヤクザジャーナリズムなるものが成立するなら、ふさわしいのは溝口の書いた記事・書籍だけだ。

おおげさな、と笑うかも知れない。どんなジャンルでも、マスコミ内のたった一人が核心に迫る記事を書き続け、他の同業者がその成果物を楯にクレームを回避しながら、蛇足のような原稿を書いている状況など考えにくい。ところが、対象が暴力団だとブラック・ジョークのような事態が現実になる。誰だって命が惜しいからだ。

溝口は何度も恫喝《どうかつ》され、不当な要求を拒絶した。

暴力を行使して脅しても怯《ひる》まないため、しまいに山口組は溝口の実子を刺した。それでも溝口が怯まないので、最後には「なにを書いても無視せよ」と通達したと聞く。トップ・ランナーである溝口と、一山いくらの我々の差は開く一方で、追いつけないばかりか背中さえ見えないが、私は恥とは思わない。常人の神経では、溝口のように突っ張れない。

過去、溝口が山口組とおぼしき暴漢に襲われた事件は知っていた。しかし本書を読むまで、傷はとても浅く着衣と皮膚を切り裂かれただけと思いこんでいた。本書にもある通り、当時、溝口は退院すると新聞社の取材に応じ、暴力的な恫喝には屈せぬと宣言している。居直れるのは傷が浅かったからに違いない……私は勝手にそう結論づけていたのだ。まさかナイフを背中一〇センチの深さまで突き刺されていたとは思わなかった。取材でヤクザの暴力性を知っているだけに改めて恐怖を感じた。

去年（二〇二二年）、初めて溝口の自宅を訪問した際も肝が冷えた。窓ガラス越しの風景が歪んでおり、どこかで見た記憶があった。しばらくしてハタと気づいたのだ。そうだ、これは暴力団幹部が乗る防弾車と同じではないか。玄関ドアも同じアクリル板が重ねられ、補強されていた。防弾ガラスが張り巡らされた自宅に住む物書きなど、おそらく日本では溝口敦だけだろう。

私が初めて溝口の原稿を読んだのは、一九九五年、『実話時代』というヤクザ専門誌の編集部に入社したときだった。編集部では新人に原稿整理を教えるため、溝口の生原稿が教材に使われていた。一緒に生原稿を読みながら、クレーム必至の記述を具体的に教える。ヤクザは弱肉強食世界の住人だけに、弱い、負ける、逃げる、烏合《うごう》の衆などは一発でNGワードだ。

分かりにくいNGもある。「ヤクザはダニ」と書いてもクレームは来ないが、個人名を挙げ「○○組長はクズ」と書いたら激昂《げきこう》した若い衆が怒鳴り込んでくる。そんな記述があるのは溝口敦の生原稿だけだった。場合によっては原稿用紙数枚を削除した。

通常、そこまで勝手に原稿を改編されたら、書き手は怒る。が、溝口は決して編集部に抗議してこなかった。溝口は社会正義に酔いしれたジャーナリストとは違い、骨の髄まで雑誌屋だから、実話誌業界の事情に同情してくれたのだろう。

本書で溝口は『実話時代』を製作していた編プロ社長を骨っぽいと感じ、好感を持っていた旨を記している。

「三和出版刊の『実話時代』は創雄社の酒井信夫さん（二〇一八年没）が編集長だった。私は同誌が創刊された八五年に彼から電話をもらって会い、ときおり山口組についてのレポートや評論を頼まれた。業界誌だから当然ヤクザに対して甘口だったが、同誌でも私はヤクザに迎合的な書き方はしなかったし、酒井さんも要求しなかった」

溝口は古巣の恥を伏せてくれたが、私の上司である酒井らはヤクザの取材に出かけると、饗応《きょうおう》を受け、女をあてがわれ、小遣いをもらって帰ってきた。それが昭和のヤクザ取材の標準的なスタンスだった。溝口も酒井から血染めの一万円札を見せられた経験があるという。一九九〇年一月四日、北海のライオンと呼ばれた山口組誠友会石間春夫総長が射殺された際、着ていたスーツのポケットに入っていた札束だ。形見分けで若い衆からもらったらしいが、私が入社した際、そんな戦利品は編集部になかった。自慢話が大好きだったのに、その話も聞かされなかった。交換して使い、後ろめたかったのだろう。

溝口が異質なのは、原稿の深度・内容、恫喝に屈さぬ強硬な精神だけではない。『実話時代』の執筆陣の中で唯一、溝口だけがヤクザから金をもらわず取材していた。買収されれば筆も鈍る。相手が嫌がるエピソードも書けなくなる。ジャーナリズムの世界では当たり前の大原則だが、他の執筆陣は「せっかくこちらを慮って金を差し出したのだから、受け取らないと相手の顔を潰す」と公言するクズばかりである。汚泥の中で溝口の孤軍奮闘はまるで修験者のように見えた。その闘争は私の人生も変えた。

ところが「見る」と「やる」は大違いだった。

編集部を退社し、フリーになっていきなりヤクザからの接待を拒否し、御車代と称する小遣いを突き返しても薄ら笑いをされた。次第に金を投げる組織……関東の広域暴力団には出かけないようになった。関西の組織は執拗に金を渡そうとはせず、とても助かった。日本最大の暴力団組織であり、溝口敦がウォッチし続けてきた山口組は、六代目体制になってから、年末の餅つきなどにマスコミを呼び入れ、お年玉を配る。なぜ平気でもらえるのか、理解に苦しむ。最近は、「なぜ金をもらっては駄目なのか」と聞き返してくる記者もいる。その結果として生まれたのが、今の実話系週刊誌のほめ殺し報道だ。

※

本書を読んだ読者でも、溝口敦の凄さは分からないのではないかと危惧している。本当なら一ページごと、いったいなにが、どこが、どう凄いのか事細かに解説したいくらいだが、文庫本の解説が本文より長文になってもおかしいので、いくつかを紹介するにとどめる。

まず伝えたいのは、溝口とて、なにからなにまで全てを書いているわけではないという事実だ。ヤクザ取材最大のタブーは、記事によって逮捕者が出る事態である。前出の『実話時代』は創刊当初、大阪の指定暴力団東組《あずまぐみ》を取材し、銃器の所持を匂わせる原稿を書いてしまい、一晩で髪の毛が真っ白くなったほど恫喝されたらしい。溝口ほど深く取材し当事者の談話をとれば、時に事件の犯人を察知するはずだが、過去のどの記事、書籍を読んでも慎重に気を遣っているのが分かる。

だから溝口がはねつける暴力団側の要望は、本来、聞く必要のない無理強いである。そしてそれを拒否するから、溝口に情報が集まってくる。暴力団はマスコミを脅しながら、値踏みもしている。太鼓持ちと判断されれば、それなりの扱いしかされない。今回の山口組分裂抗争では、その循環が如実に可視化された。元来、分裂抗争は離脱組が自らの大義を喧伝したいためマスコミに接触してくるものだが、神戸山口組は露骨に溝口を抱きかかえようとした。

神戸側のトップである井上邦雄組長は山健組の四代目であり、溝口の実子を刺した当事者組織である。神戸山口組はその憎き相手を自らのスポークスマンに選び、盛んに情報を流し続けた。分裂当初、神戸山口組にはたしかに追い風が吹いていた。それはほぼ溝口の筆によるものだ。通常、抗争は相手を殺傷し、ジギリ（組織のための暴力事件）を行ってムードを変えていくのだが、神戸は実際には暴力事件を起こさず溝口を頼り続けた。その裏話は本書のハイライトのひとつで、何度読んでも面白い。

溝口は『週刊アサヒ芸能』に所属していたためか、実話誌的なゴシップ・ジャーナリズムにも親和性が高い。そしてそれを山口組のトップにも堂々と行おうとする。高額のギャラが出るなら理解できなくもないが、溝口はそれを原稿用紙数枚のギャラしか出ない日刊紙で書き続けた。リスクを考えればまったくもって割に合わない馬鹿げた仕事だ。

六代目山口組もさすがに無視できず、自分のいいなりになる『週刊SPA!』を使って溝口に反撃させた。マスコミ同士がマスコミの論理で議論し、溝口を論破できるはずがなかった。私自身も実話誌出身で、高邁な思想など持ってはいない。他人を笑えるほど立派な人間でもない。が、この時の『週刊SPA!』だけは心底軽蔑している。暴力団の手先となり、誌面で同業者を攻撃するなど卑劣すぎる。

とはいえ、私も常に溝口敦と同じ見解ではない。

二〇一七年四月三〇日、神戸山口組が再分裂し、任俠山口組（現・絆會）が旗揚げした際は、兵庫県尼崎市の古川組事務所で異例の記者会見が実施された。大広間に上がるドアの後ろで、ライターや記者それぞれが名刺を渡した。私が名刺を渡すと、名前を見た幹部が小声で「別室に来てもらえますか？」と言ってきた。

「だったら溝口敦にコンタクトしたらいいですよ」

「それはもう。いまうちの代表（※織田絆誠）が東京で会って話をしています」

古川組の幹部は記者会見後も私を別室に呼んで寿司をごちそうしてくれた。ここまでされれば私にも意地があった。ならば溝口の逆張りをする。その後、『週刊現代』に溝口の記事が、『週刊ポスト』に私のそれが掲載され、私は無事に任侠山口組・池田幸治本部長の不興を買い、事務所に呼び出されて恫喝された。ようやく溝口の姿が見える場所まで来たかと最高の気分だった。

ヤクザに詰められて辛いとき、私はこう唱えて乗り越えてきた。

「神さま、仏さま、溝口敦さま」

同じ道を追いかけてきた者だけが見える溝口の凄さはきっとあるだろう。もう何度、この本を読んだか知れない。遅筆の上、怠惰なのでいつ完成するか分からない。が、いつか溝口敦の評伝を書きたい。そこでは思う存分、溝口の視点のシャープさを指摘し、卓越した洞察力を解説するつもりだ。

凡人の瞳にも事実は映っている。しかし、結局その目は何も見ていない。溝口の本を読めば、鷹の目を貸りられる。溝口の仕事を検証する価値は十分にある。

私は凡庸である。度胸もない。でも情熱はある。溝口マニアとしての熱気なら誰にも負けない。

本書は二〇二一年五月、弊社より単行本として刊行されました。

|著者|溝口 敦　1942年、東京都に生まれる。早稲田大学政治経済学部卒業。出版社勤務を経て、フリーに。ノンフィクション作家、ジャーナリスト。主な著書に『暴力団』(新潮新書)、『血と抗争　山口組三代目』『山口組四代目　荒らぶる獅子』『武闘派　三代目山口組若頭』『ドキュメント　五代目山口組』『山口組動乱!!　日本最大の暴力団ドキュメント2008～2015』などの山口組ドキュメントシリーズ、第25回講談社ノンフィクション賞を受賞した『食肉の帝王』(以上、講談社＋α文庫)、『詐欺の帝王』(文春新書)、『パチンコ「30兆円の闇」』(小学館文庫)などがある。

喰《く》うか喰《く》われるか　私《わたし》の山口組体験《やまぐちぐみたいけん》

溝口《みぞぐち》 敦《あつし》

講談社文庫

定価はカバーに
表示してあります

2023年4月14日第1刷発行

発行者──鈴木章一
発行所──株式会社　講談社
東京都文京区音羽2-12-21　〒112-8001
電話　出版　(03) 5395-3510
　　　販売　(03) 5395-5817
　　　業務　(03) 5395-3615

Printed in Japan

KODANSHA

デザイン─菊地信義
本文データ制作─講談社デジタル製作
印刷───株式会社KPSプロダクツ
製本───株式会社国宝社

ISBN978-4-06-531464-7

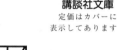

講談社文庫刊行の辞

二十一世紀の到来を目睫に望みながら、われわれはいま、人類史上かつて例を見ない巨大な転換期をむかえようとしている。

世界も、日本も、激動の予兆に対する期待とおののきを内に蔵して、未知の時代に歩み入ろうとしている。このときにあたり、創業の人野間清治の「ナショナル・エデュケイター」への志を現代に甦らせようと意図して、われわれはここに古今の文芸作品はいうまでもなく、ひろく人文・社会・自然の諸科学から東西の名著を網羅する、新しい綜合文庫の発刊を決意した。

激動の転換期はまた断絶の時代である。われわれは戦後二十五年間の出版文化のありかたへの深い反省をこめて、この断絶の時代にあえて人間的な持続を求めようとする。いたずらに浮薄な商業主義のあだ花を追い求めることなく、長期にわたって良書に生命をあたえようとつとめるところにしか、今後の出版文化の真の繁栄はあり得ないと信じるからである。

同時にわれわれはこの綜合文庫の刊行を通じて、人文・社会・自然の諸科学が、結局人間の学にほかならないことを立証しようと願っている。かつて知識とは、「汝自身を知る」ことにつきていた。現代社会の瑣末な情報の氾濫のなかから、力強い知識の源泉を掘り起し、技術文明のただなかに、生きた人間の姿を復活させること。それこそわれわれの切なる希求である。

われわれは権威に盲従せず、俗流に媚びることなく、渾然一体となって日本の「草の根」をかたちづくる若く新しい世代の人々に、心をこめてこの新しい綜合文庫をおくり届けたい。それは知識の泉であるとともに感受性のふるさとであり、もっとも有機的に組織され、社会に開かれた万人のための大学をめざしている。大方の支援と協力を衷心より切望してやまない。

一九七一年七月

野間省一

講談社文芸文庫

リービ英雄
日本語の勝利／アイデンティティーズ
解説＝鴻巣友季子
青年期に習得した日本語での小説執筆を志した著者は、随筆や評論も数多く記してきた。日本語の内と外を往還して得た新たな視点で世界を捉えた初期エッセイ集。
978-4-06-530962-9
りC3

柄谷行人
柄谷行人対話篇III 1989－2008
東西冷戦の終焉、そして湾岸戦争を通過した後の資本にどう対抗したらよいのか？根源的な問いに真摯に向き合ってきた批評家が文学者とかわした対話十篇を収録。
978-4-06-530507-2
かB20

講談社文庫　目録

芥川龍之介　藪の中
有吉佐和子　新装版 和宮様御留
阿刀田　高　ナポレオン狂
阿刀田　高　新装版 ブラック・ジョーク大全
安房直子　春の窓〈安房直子ファンタジー〉
相沢忠洋　「岩宿」の発見〈幻の旧石器を求めて〉
赤川次郎　偶像崇拝殺人事件
赤川次郎　人間消失殺人事件
赤川次郎　三姉妹探偵団
赤川次郎　三姉妹探偵団2〈キャンパス篇〉
赤川次郎　三姉妹探偵団3〈珠美・初恋篇〉
赤川次郎　三姉妹探偵団4〈怪奇篇〉
赤川次郎　三姉妹探偵団5〈復讐篇〉
赤川次郎　三姉妹探偵団6〈危機一髪篇〉
赤川次郎　三姉妹探偵団7〈駆け落ち篇〉
赤川次郎　三姉妹探偵団8〈人質篇〉
赤川次郎　三姉妹探偵団9〈青ひげ篇〉
赤川次郎　三姉妹探偵団10〈父恋し篇〉
赤川次郎　死が小径をやってくる〈三姉妹探偵団11〉
赤川次郎　死神のお気に入り〈三姉妹探偵団12〉
赤川次郎　次女と野獣〈三姉妹探偵団13〉
赤川次郎　心地よい悪夢〈三姉妹探偵団14〉
赤川次郎　ふるえて眠れ、三姉妹〈三姉妹探偵団15〉
赤川次郎　三姉妹、呪いの道行〈三姉妹探偵団16〉
赤川次郎　三姉妹、初めてのおつかい〈三姉妹探偵団17〉
赤川次郎　恋の花咲く三姉妹〈三姉妹探偵団18〉
赤川次郎　月もおぼろに三姉妹〈三姉妹探偵団19〉
赤川次郎　三姉妹、ふしぎな旅日記〈三姉妹探偵団20〉
赤川次郎　三姉妹、清く貧しく美しく〈三姉妹探偵団21〉
赤川次郎　三姉妹と忘れじの面影〈三姉妹探偵団22〉
赤川次郎　三姉妹、舞踏会への招待〈三姉妹探偵団23〉
赤川次郎　三人姉妹殺人事件〈三姉妹探偵団24〉
赤川次郎　三姉妹、さびしい入江の歌〈三姉妹探偵団25〉
赤川次郎　三姉妹、恋と罪の峡谷〈三姉妹探偵団26〉
赤川次郎　静かな町の夕暮に
赤川次郎　キネマの天使〈レンズの奥の殺人者〉
新井素子　グリーン・レクイエム〈新装版〉
安能務 訳　封神演義 全三冊
安西水丸　東京美女散歩
綾辻行人　殺人方程式〈切断された死体の問題〉
綾辻行人　鳴風荘事件 殺人方程式II
綾辻行人　十角館の殺人〈新装改訂版〉
綾辻行人　水車館の殺人〈新装改訂版〉
綾辻行人　迷路館の殺人〈新装改訂版〉
綾辻行人　人形館の殺人〈新装改訂版〉
綾辻行人　時計館の殺人〈新装改訂版〉
綾辻行人　黒猫館の殺人〈新装改訂版〉
綾辻行人　暗黒館の殺人 全四冊
綾辻行人　びっくり館の殺人
綾辻行人　奇面館の殺人(上)(下)
綾辻行人　どんどん橋、落ちた〈新装改訂版〉
綾辻行人　緋色の囁き〈新装改訂版〉
綾辻行人　暗闇の囁き〈新装改訂版〉
綾辻行人　黄昏の囁き〈新装改訂版〉
綾辻行人　人間じゃない〈完全版〉
綾辻行人ほか　7人の名探偵
我孫子武丸　探偵映画

2023年3月15日現在